새의 속삭임을 수놓다

정통 프렌치 스타일 크로스 스티치

아름다운 프랑스 새 자수

Les Oiseaux
Copyright © Mango, Paris 2014
All rights reserved

No part of this book may be used or reproduced in any manner whatever without written permission,
except in the case of brief quotations embodied in critical articles or reviews.

Korean Translation Copyright © 2016 by JISIKINHOUSE Published by arrangement with Fleurus Editions,
through BC Agency, Seoul

이 책의 한국어판 저작권은 BC 에이전시를 통한 저작권자와의 독점 계약으로 지식인하우스에 있습니다.
신 저작권법에 의해 한국 내에서 보호를 받는 저작물이므로 무단전재와 무단복제를 금합니다.

새의 속삭임을 수놓다

정통 프렌치 스타일 크로스 스티치

아름다운 프랑스 새 자수

헬렌 르 베르 지음 | 장덕순 옮김

사진 샤를롯 브뤼네
스타일 제시 칸로스 바이너

프롤로그

나이팅게일

종달새

비둘기

제비

박새

참새

뻐꾸기

방울새

검은머리방울새가

지저귀는 동안

수놓는 여인은 가볍게 콧노래를 부른다.

"십자수야, 날아보렴"

Hélène Le Berre

차례

프롤로그 4

새의 속삭임을 담은 크로스 스티치
아름다운 프랑스 새 자수

컵케이크 10
금빛 새장 12
장미 14
에코 가방 16
대화 18
모이통 20
화관 22
새집 24
초상화 26
유럽 딱새 28
아홉 마리 새 30
걸개그림 32
체리 위의 새 34
연인들 36

쿠션 38
전선 위에서 40
겨울철 42
노트북 케이스 44
깃털처럼 가벼운 46
옷걸이 커버 48

정통 프렌치 자수 도안

스티치 레슨 86
작품의 기초 87
도구 88
클래식 원단 88
작품 제작 90
감사의 말 96

새의 속삭임을 담은 크로스 스티치
아름다운 프랑스 새 자수

컵케이크
LE CUPCAKE

맛있는 컵케이크를 마다할 사람이 있을까요?
컵케이크는 몇 년 전부터 미식가들이 선호하는 디저트로 손꼽히고 있죠.
생크림과 예쁜 체리를 세련되게 올린 컵케이크 자수가
달콤한 먹이를 찾는 새들을 유혹합니다.
실과 바늘을 잠깐 내려놓고, 컵케이크 레시피를 따라해 보세요.
벌써 입안에 침이 고이는군요.

초코 체리 컵케이크
Cupcakes choco-cerises

컵케이크 8개 분량
- 설탕 90g
- 버터 90g
- 달걀 2개
- 밀가루 100g
- 효모 1티스푼
- 체리 110g (냉동 체리 가능)
- 키르슈 2티스푼
- 카카오버터 3테이블스푼
- 소금 1꼬집

토핑
- 설탕 25g
- 액상 크림 10cl
- 체리 8개
- 초콜릿 컬

- 오븐을 섭씨 180도로 미리 가열합니다.
- 샐러드 접시에 설탕, 버터, 카카오버터를 섞습니다.
- 그리고 달걀, 밀가루, 효모, 소금을 추가합니다.
- 여기에 키르슈와 체리를 섞어 넣습니다.
- 작은 종이 상자에 반죽을 붓고 25~30분간 오븐에 굽습니다.

토핑
- 전기 믹서로 생크림을 휘핑합니다.
- 설탕을 추가하고 조금 더 휘핑합니다.
- 컵케이크 위에 생크림을 얹고 초콜릿 컬을 흩뿌립니다.
- 케이크 위에 체리를 올립니다.

금빛 새장
LA CAGE DORÉE

집안이나 정원에 이 새장을 걸어 놓으면 얼마나 매력적일까요?
인테리어, 텍스타일, 보석 공예 소재로 새장 문양을 활용하면 전원의 느낌을 조금 더 가미할 수 있답니다.

반짝이는 새장 자수는 여러분의 침실이나 거실 벽을 영롱하게 빛나게 만들 거예요.
어느 장소에 놓을지는 여러분의 선택에 달렸습니다.

장미
LA ROSE

빅토르 위고는 그의 유명한 시에서 꽃들의 여왕 장미와 나이팅게일(밤꾀고리)을 함께 묘사했답니다.

> 이슬은 진주가 되어 주고,
> 잡목들은 양산이 되어 준다.
> 나는 숲으로 갔다.
> 나는 티티새 소리를 들었고,
> 장미는 나이팅게일 소리를 들었다.
>
> 나는 열여섯 살, 우울한 기분,
> 그녀는 스무 살, 그녀의 눈은 빛났다.
> 나이팅게일은 장미를 노래했고,
> 티티새는 내게 휘파람을 불었다.
>
> 빅토르 위고, '젊은 날의 오래된 노래' 발췌, '명상시집', 1831

에코 가방
LE CABAS

밀밭 위로 날아가는 새들이 감탄을 자아냅니다.
얼마나 경쾌하게 날아가는지 새들의 날개 스치는 소리가 들리는 듯합니다.
하늘을 나는 새 문양을 수놓아 에코 가방을 만들어 보세요.
가방을 들고 어디라도 갈 수 있겠죠.

대화
LA CONVERSATION

봄이 시작되면 울새는 아름다운 선율의 노래를 불러 대자연을 깨웁니다. 울새의 은은한 지저귐과 미세한 떨림에 귀를 기울여 보세요. 가을이 오면 이 노랫소리가 잘 들리지 않을 테니까요.

파스텔 톤의 파란 원단 위에 새들의 대화를 수놓아 보세요. 새 트리오의 수다 소리가 점점 생생하게 들릴 거예요.

모이통
LA MANGEOIRE

모이통 만들기는 누구나 할 수 있는 재미있는 작업입니다.
아이들도 좋아하지요. 모이통을 높은 곳에 설치해 보세요.
나무나 울타리 근처, 눈에 잘 안 보이는 곳이 좋습니다.

자수의 여자아이처럼 해보세요. 모이를 조금씩 꾸준하게 주다 보면
새들이 와서 여러분을 알아볼 거예요.

화관

LA COURONNE

은은한 꽃 장식 가운데에 작은 새 몇 마리가 앉아 있는 이 자수는 시적인 정취를 물씬 풍깁니다. 섬세하게 수놓은 자수가 집안 한 구석을 고상한 느낌으로 바꿔 줄 거예요.

새집
LE NICHOIR

설명 91페이지

힘을 모아 수를 놓고 있는 어린 새들이 사랑스럽습니다. 부리로 단추를 옮기고,
바늘구멍에 실을 꿰고, 천 조각을 가지고 장난을 치는 새들…
새집을 만들어 작업실에 두고 핀을 꽂아놓는데 사용해 보세요.

초상화
PORTRAITS

무도회에 참석한 새 가족의 초상화로 여러분의 자수 솜씨를 뽐내 보세요.
아들 울새는 두툼한 스카프로, 엄마 방울새는 황홀한 빛깔의 목걸이로,
딸 박새는 공주의 왕관으로 멋지게 치장하고 있네요.
멋진 나비넥타이를 맨 아빠 방울새에게서는 고상함이 묻어납니다.

유럽 딱새

LE GUÊPIER D'EUROPE

먹잇감으로 벌레를 쫓는 딱새의 용맹한 모습을 자수로 표현해 보세요.

광택이 나는 멋진 깃털이 단연 돋보입니다.
새들 깃털의 윗부분은 밤색(적갈색)을,
깃털의 아랫부분은 터키옥색(청록색)을 띠고 있답니다.

이 작품은 조류 애호가들의 감탄을 자아낼 겁니다.

아홉 마리 새
NEUF OISEAUX

정원과 숲을 가득 채우는 새의 깃털을 원단 위에 수놓아 보세요. 조류 전집처럼 새들의 모습을 재현해도 되지만, 본인이 좋아하는 새를 몇 마리 골라 수놓을 수도 있답니다.

어치 ‖ 방울새 ‖ 검은방울새
파란박새 ‖ 참새 ‖ 울새
푸른머리되새 ‖ 유럽방울새 ‖ 오목눈이
*30~31페이지 새 이름, 자수 왼쪽 윗부분부터

걸개그림
LA SUSPENSION

사과나무 가지 사이 움푹한 곳에 새 둥지가 놓여 있습니다. 그 안에서 부화를 기다리는 알들이 멋진 자수 작품으로 탄생합니다.

문판이나 걸개그림으로 쓸 수 있는 이 작품은 여러분의 공간을 색다른 느낌으로 꾸며줄 겁니다.

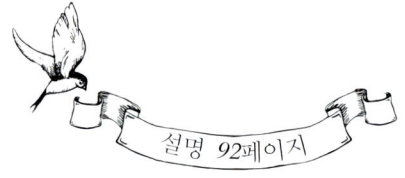
설명 92페이지

체리 위의 새

L'OISEAU AUX CERISES

체리가 열리는 시기가 되면 제비가 먼저 관심을 보입니다.
제비가 다 먹어치우기 전에 체리의 모습을 수놓아 보세요.
여러분의 작품을 맛있는 과자와 함께 데코해도 좋습니다.

연인들
LES AMOUREUX

두 마리의 새가 꽃이 핀 가지 위에 앉아
사랑을 속삭입니다.
푸른 톤을 조화롭게 배합하여 이 달콤한 장면을
원단 위에 수놓아 보세요. 마무리로 이니셜 두 개를
새겨 작품을 완성할 수도 있습니다.

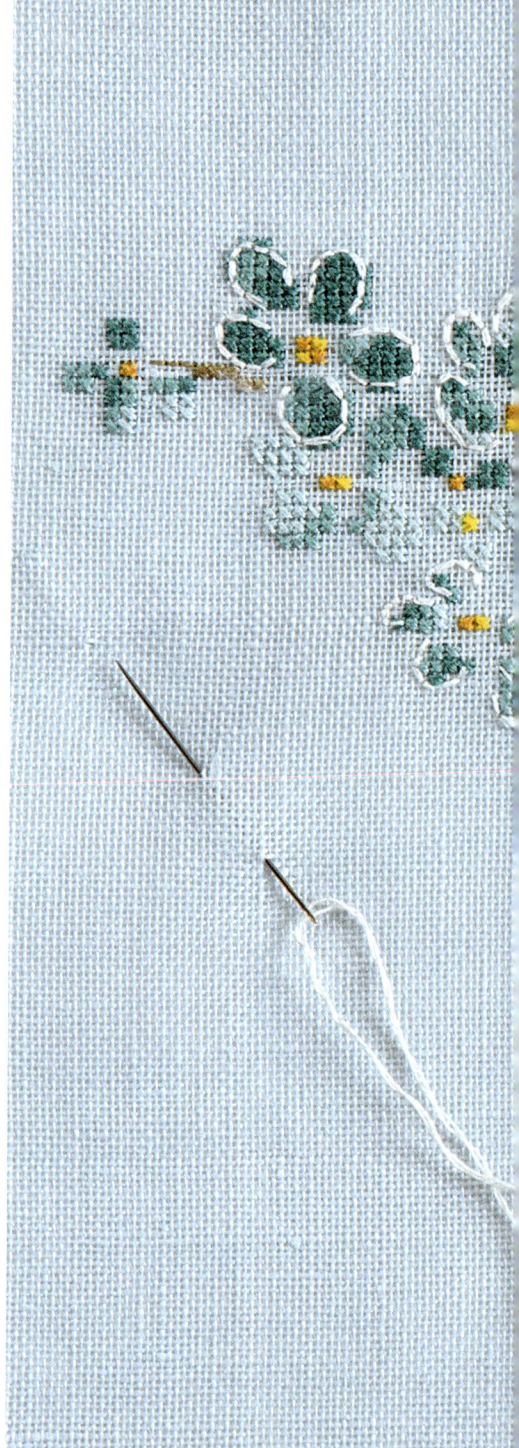

> 오 작은 제비야
> 힘겨운 날갯짓으로
> 나의 담장까지 날아왔구나.
> 안전한 은신처라도 되는 양
> 민첩한 부리로 연약한 둥지를 짓는구나.
> 내게 말해주렴.
> 아무런 근심 없이 그렇게 사는 방법을,
> 힘겹게 날갯짓하는 제비는 어떻게 하는지.
>
> 그건 작은 새, 네가 멀리 날아갈 수 있다는 거겠지.
> 네가 숨 쉬는 하늘의 공기는 더 맑고 더 부드러울 테니.
> 하늘이 어두워졌을 때, 너의 가벼운 날개가 땅에 스치는 건,
> 아쉬움에 지나지 않겠지.
> 아! 우리는 할 수 없단다.
> 우리의 발이 땅에 매여 있다는 걸 잊은 채,
> 너를 따라 날 수도,
> 영원한 창공을 향해 우리의 심장을 들어 올릴 수도,
> 제비 네가 전하는 봄의 소식을 찾을 수도,
> 불행한 세상에서 우리의 시선을 거둘 수도,
> 이승에 살면서 우리의 영혼을 하늘에 바칠 수도!
>
> 소피 다르부빌, '제비' 발췌, '시와 소식', 1840

쿠션
LE COUSSIN

쿠션으로 여러분의 공간을 로맨틱하게 꾸며 보세요.
화려한 제비 세 마리가 사랑의 마음을 전합니다.
본인이나 사랑하는 사람의 이니셜을
새겨 메시지를 전달할 수도 있습니다.

설명 93페이지

전선 위에서
SUR LE FIL

봄과 가을에 다시 돌아온 제비가 전선 위에 앉아 있는
모습을 수놓아 보세요.

> 하느님의 오케스트라, 그를 찬양하는 음유시인들,
> 새들은 여름이 되면 행복의 음표를 노래한다.
> 신의 정원에 있는 모든 기쁨을 마다하고,
> 천사의 날개를 달고 하늘을 날아간다.
>
> […]
>
> 하지만 잎과 과일 대신 눈과 서리가 가득한 겨울이 되면,
> 새들은 어디로 가는가?
> 이제 사랑하기를 멈추었나? 이제 살기를 멈추었나?
> 아무도 새들이 먼 유배 길을 떠나는 이유를 알지 못한다.
>
> 오 나를 매혹하는 새, 너희들은 그래도 기쁨에 넘치는가!
> 그렇다면 삶이란 선한 신이 너희에게 쳐놓은 덫인 것인가?
> 이런! 우리도 다를 바 없구나, 우리가 이렇게 노래하는 걸 보면!
>
> 신이 어찌 그리 잔인할 수 있는가, 신이 그리 위대한 존재가 아니란 말인가!
>
> 알퐁스 드 라마르틴, '새들' 발췌, '명상시집', 1820

겨울철
EN HIVER

다른 계절보다도 겨울철에 더 많은 철새들이 이동해 온다는 사실을 알고 계시나요?
추위를 피해 먹이를 찾아, 따뜻한 지역에 머물기 위해 오는 것이죠.
11월부터는 철새들에게 줄 씨앗과 마가린 조각을 넣은 모이통을 준비해 보세요.

노트북 케이스

**LA HOUSSE
D'ORDINATEUR**

벚나무 가지 위에 앉은 박새가 자태를 뽐내며
흥겹게 노래합니다. 십자수에 대한 열정을 세련된
노트북 케이스에 표현해 보세요.

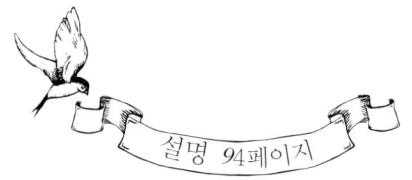
설명 94페이지

깃털처럼 가벼운
LÉGÈRE COMME UNE PLUME

아이들은 공원이나 숲을 산책할 때 깃털을 줍는 걸 좋아합니다.
마치 깃털 수집가처럼 말이죠. 어떤 새의 깃털은 판지나 파일 사이에 끼워 보관하면
색깔과 형태를 그대로 유지할 수 있습니다. 큰 날개깃부터 꽁지깃까지
다양한 깃털 컬렉션을 자수로 완성해 보세요.

옷걸이 커버
LA HOUSSE DE CINTRE

단색으로 위엄 있는 나무 자수를 만들어 봅니다. 잎이 무성한 나무 위에 많은 새들이 앉아 있습니다. 이 황홀한 문양의 작품을 옷장에만 넣어 두지 말고, 옷걸이에 걸어 놓고 감상해 보세요.

정통 프렌치 자수 도안

장미 15페이지 사진

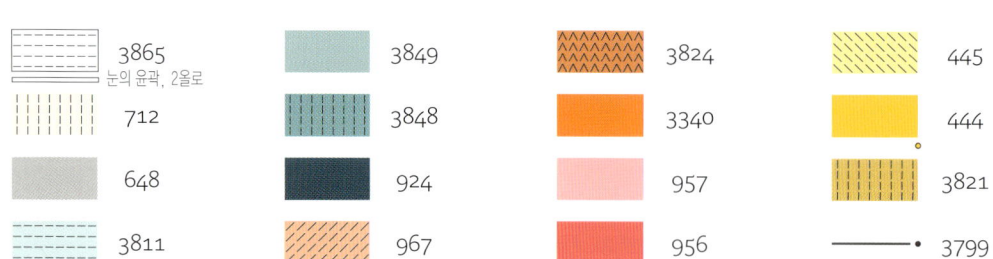

3865 눈의 윤곽, 2올로	3849	3824	445
712	3848	3340	444
648	924	957	3821
3811	967	956	3799

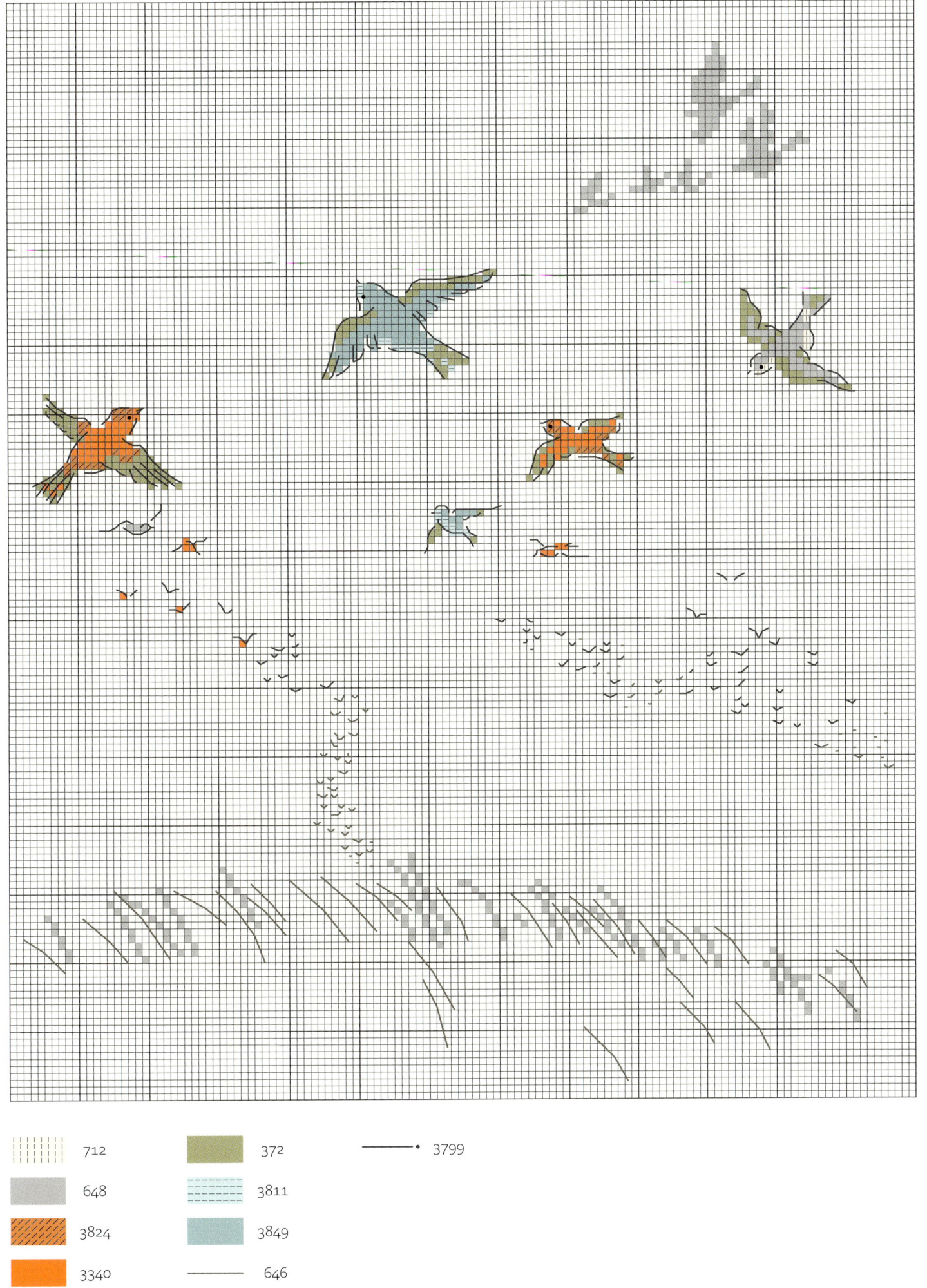

대화 18~19페이지 사진

56

화관 23페이지 사진

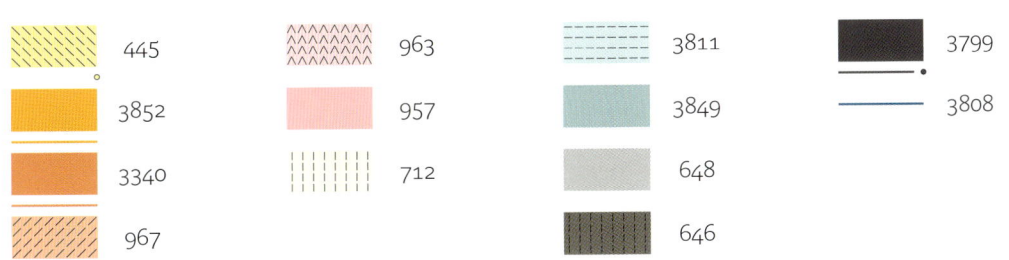

	445		963		3811		3799
	3852		957		3849		3808
	3340		712		648		
	967				646		

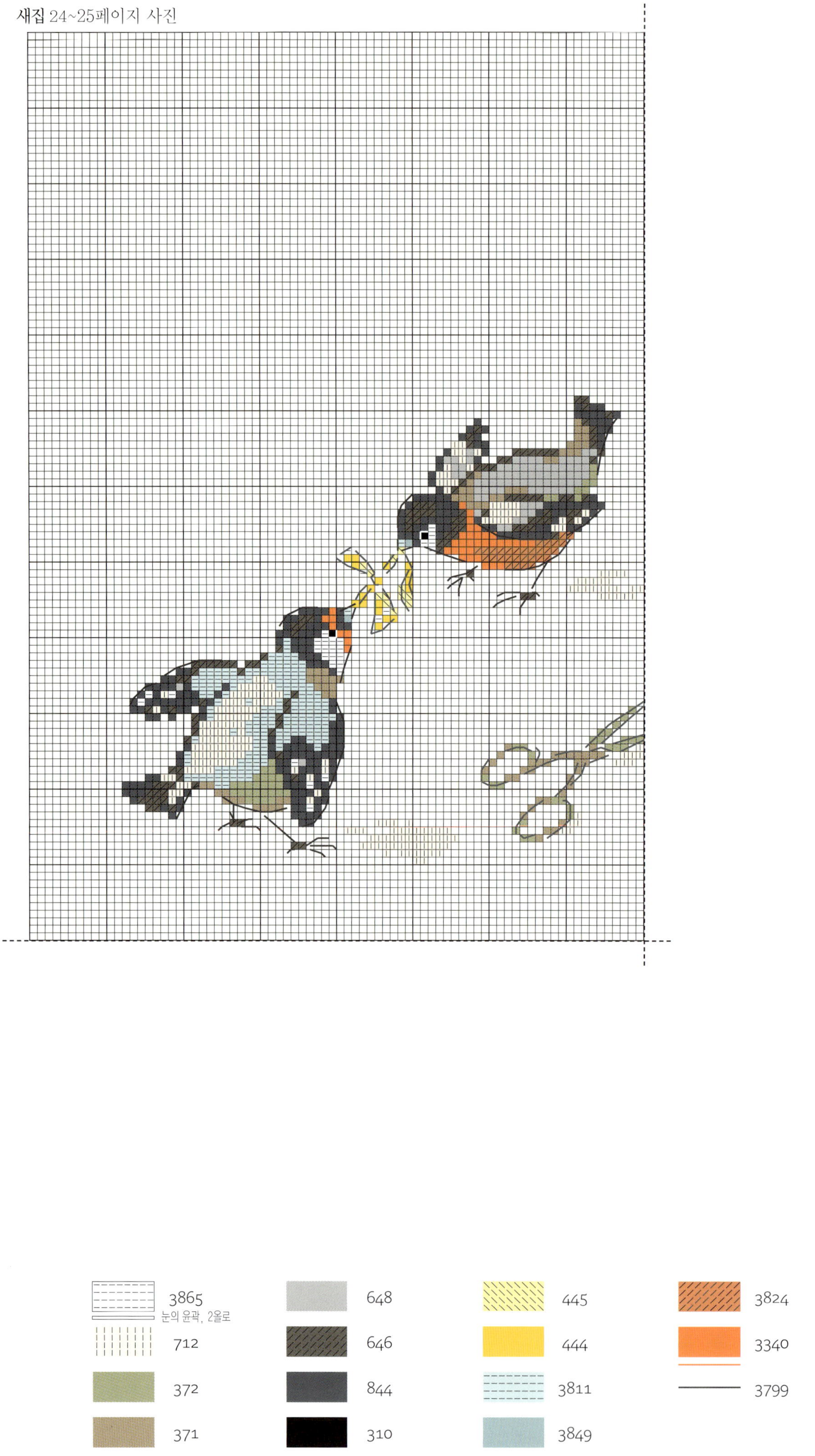

새집 24~25페이지 사진

	3865 눈의 윤곽, 2올로		648		445		3824	
	712		646		444		3340	
	372		844		3811		3799	
	371		310		3849			

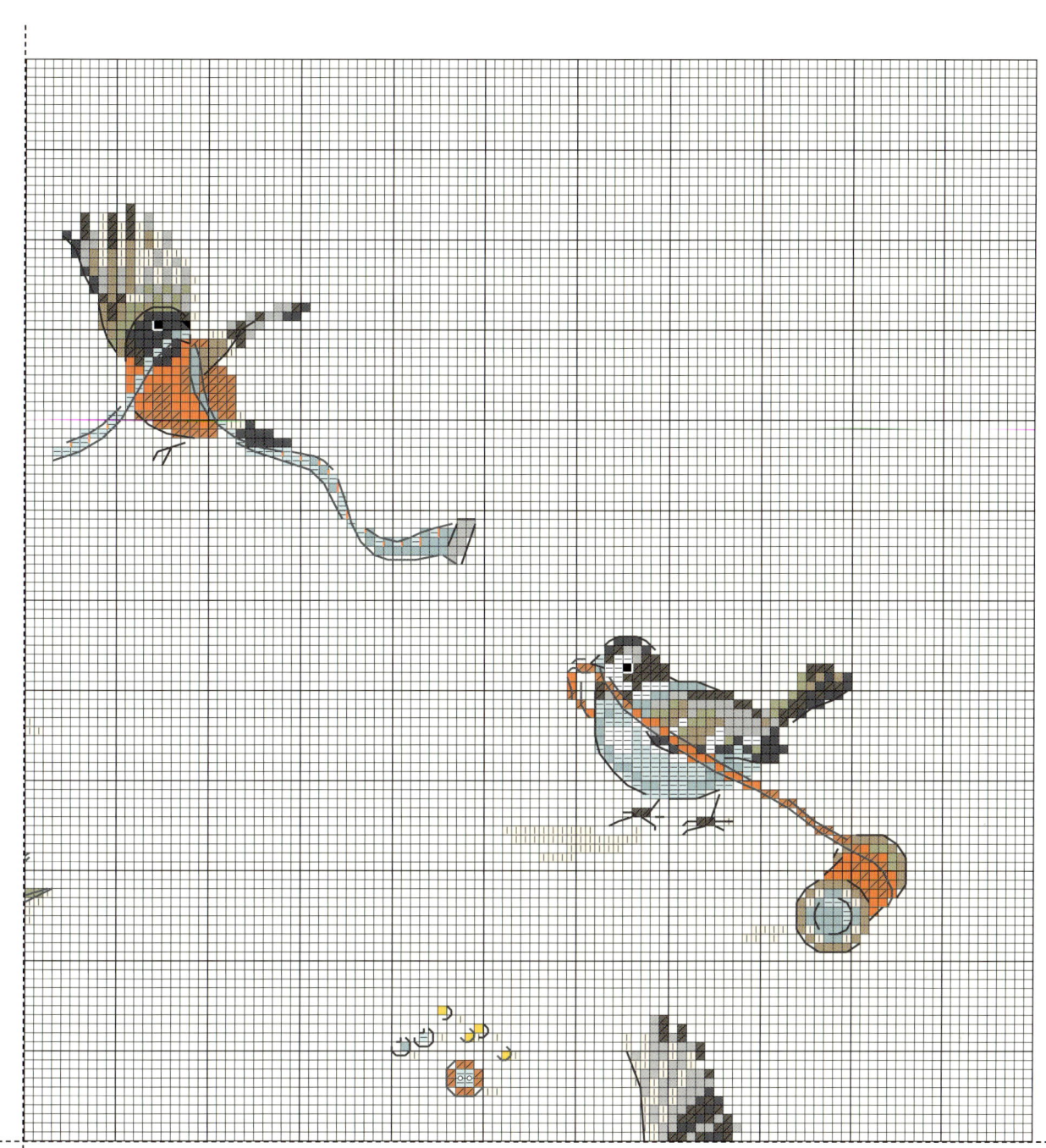

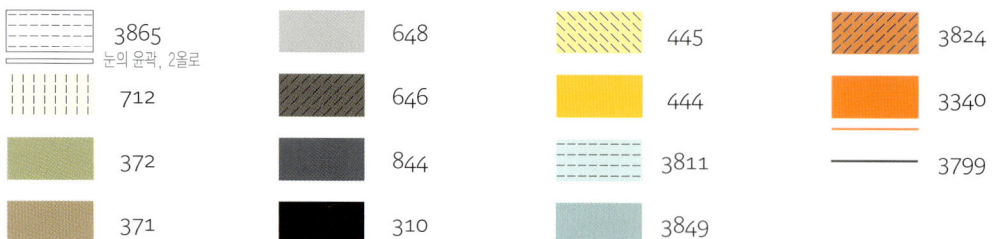

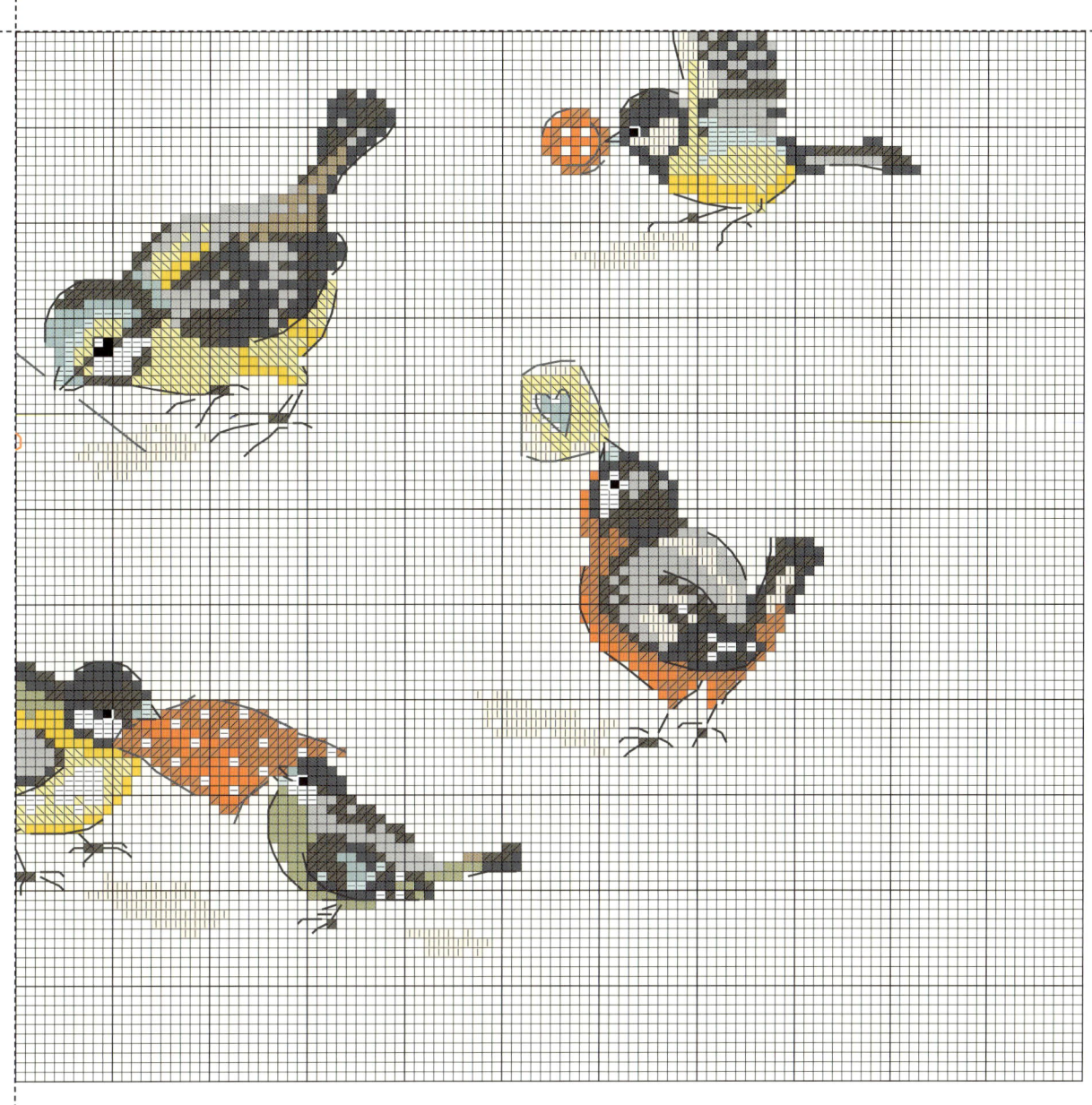

초상화 26~27페이지 사진

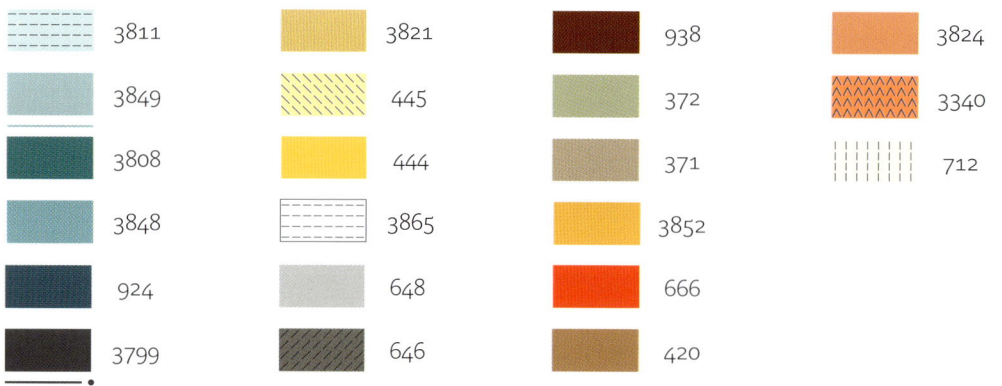

3811	3821	938	3824
3849	445	372	3340
3808	444	371	712
3848	3865	3852	
924	648	666	
3799	646	420	

유럽 딱새 28~29페이지 사진

눈의 윤곽, 2올로

	712		3852		3808		3824
	445		420		924		648
	444		3811		372		3799
	3821		3849		371		3865

눈의 윤곽, 2올로

아홉 마리 새 30~31페이지 사진

Geai des chênes

Mésange bleue

Pinson des arbres

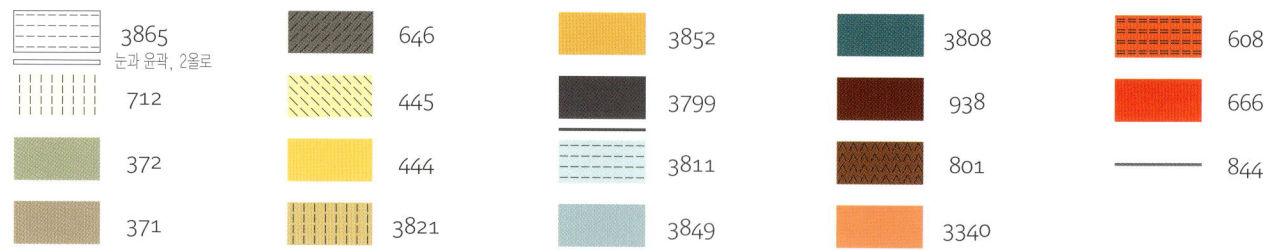

3865 눈과 윤곽, 2올로	646	3852	3808	608
712	445	3799	938	666
372	444	3811	801	844
371	3821	3849	3340	

걸개그림 32~33페이지 사진

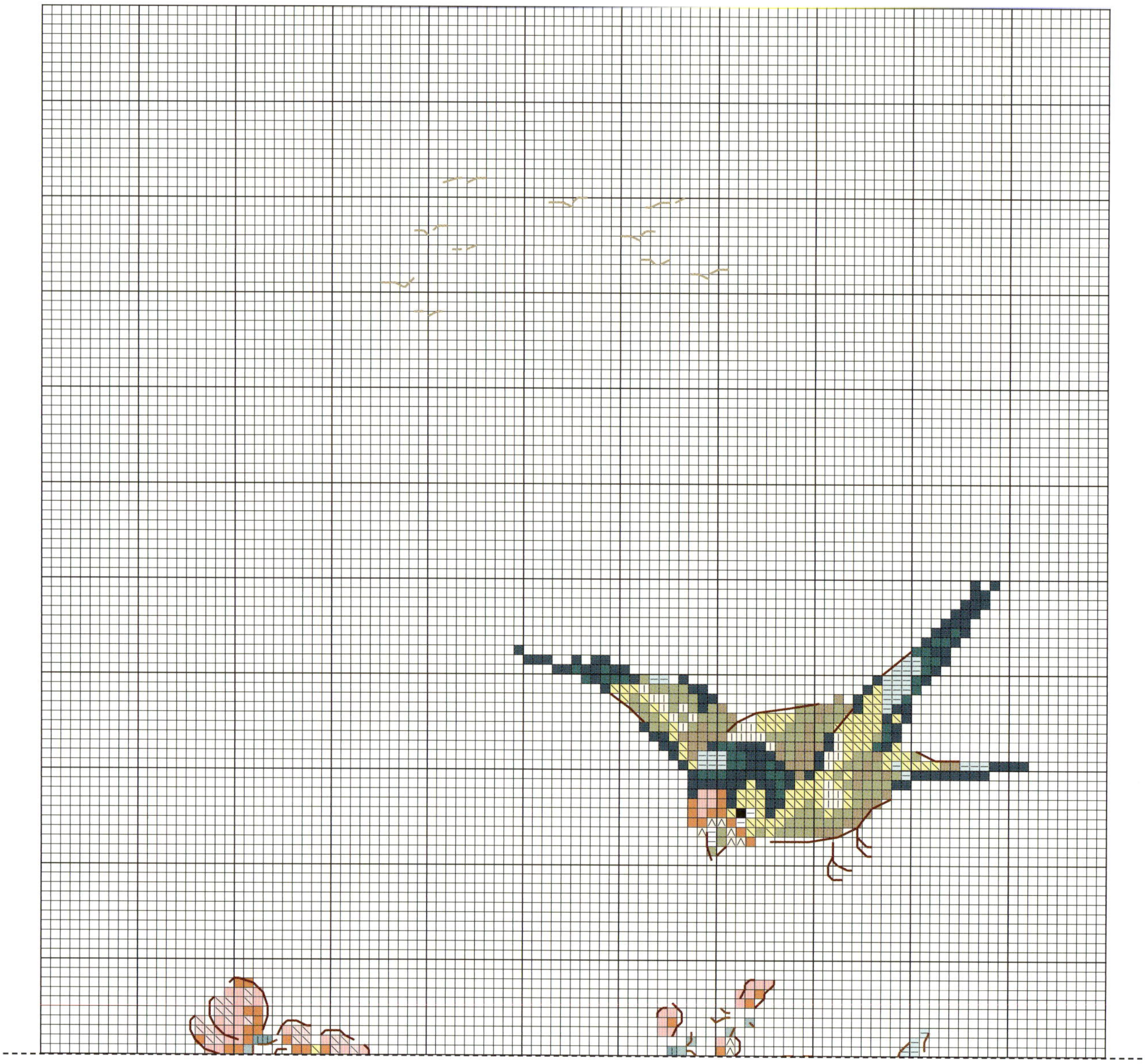

3865	3849	372	310 눈	963
712	3848	371	3340	
445	3808	801	3824	
3811	924	938	957	

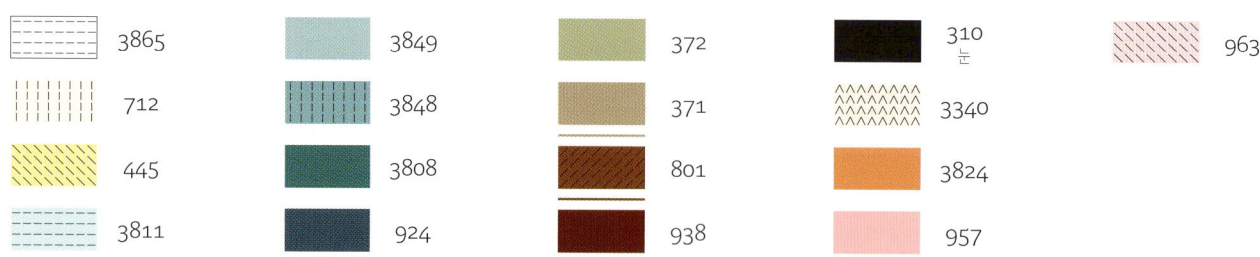

체리 위의 새 35페이지 사진

알파벳

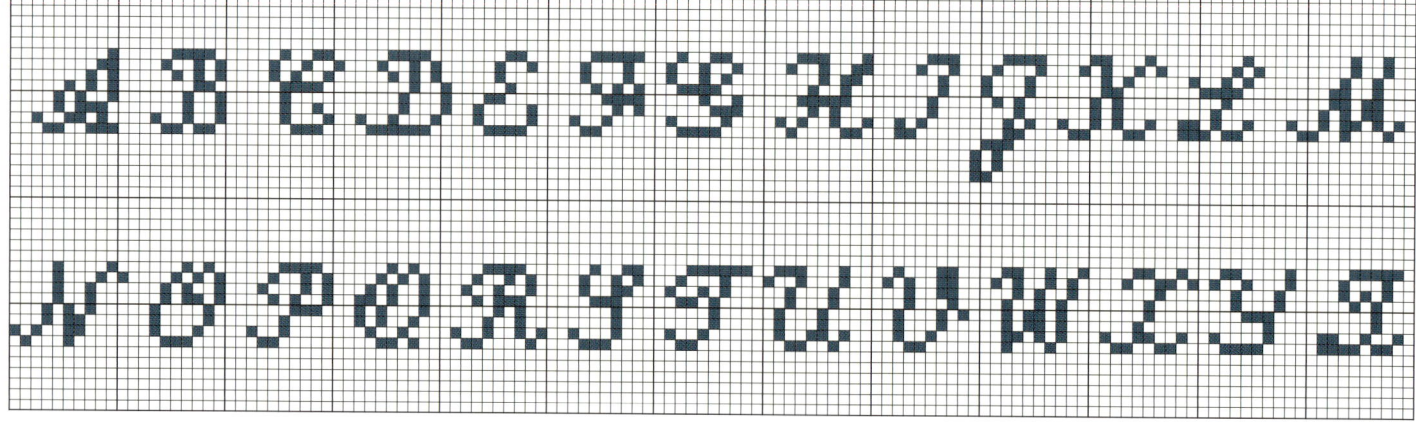

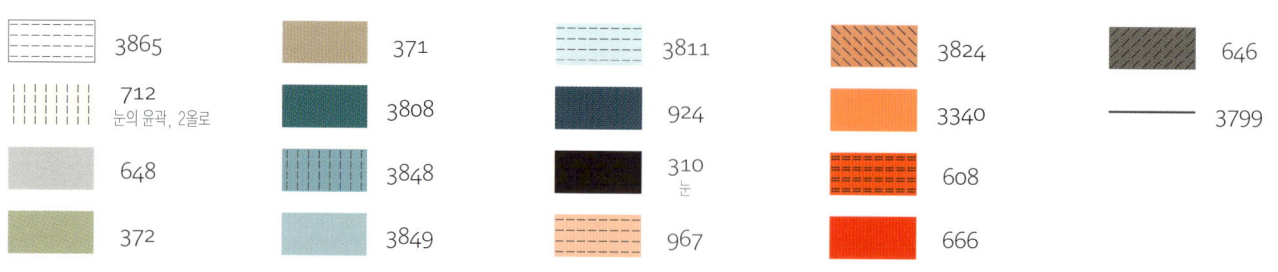

3865	371	3811	3824	646
712 눈의 윤곽, 2올로	3808	924	3340	—— 3799
648	3848	310 눈	608	
372	3849	967	666	

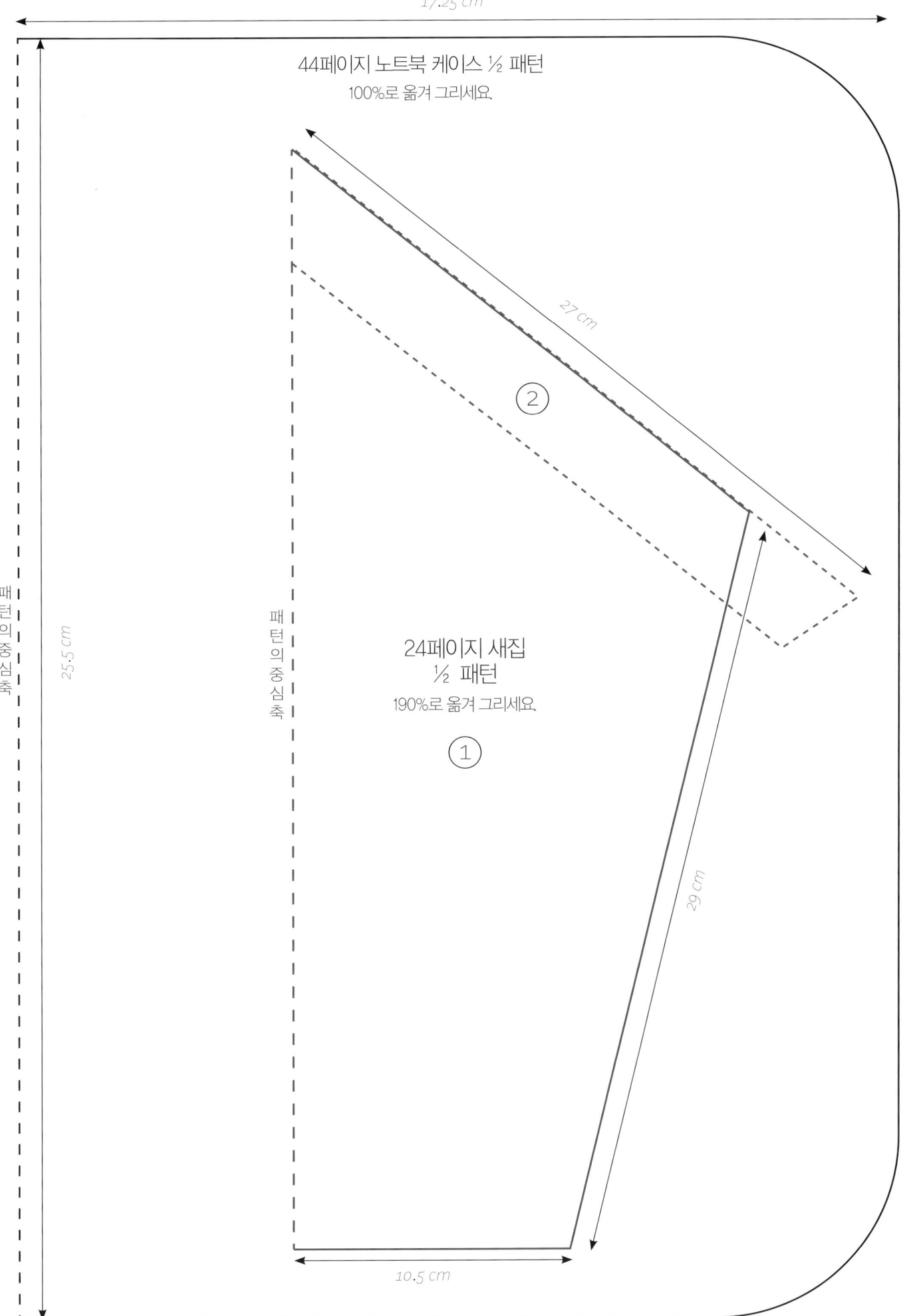

연인들 36~37페이지 사진

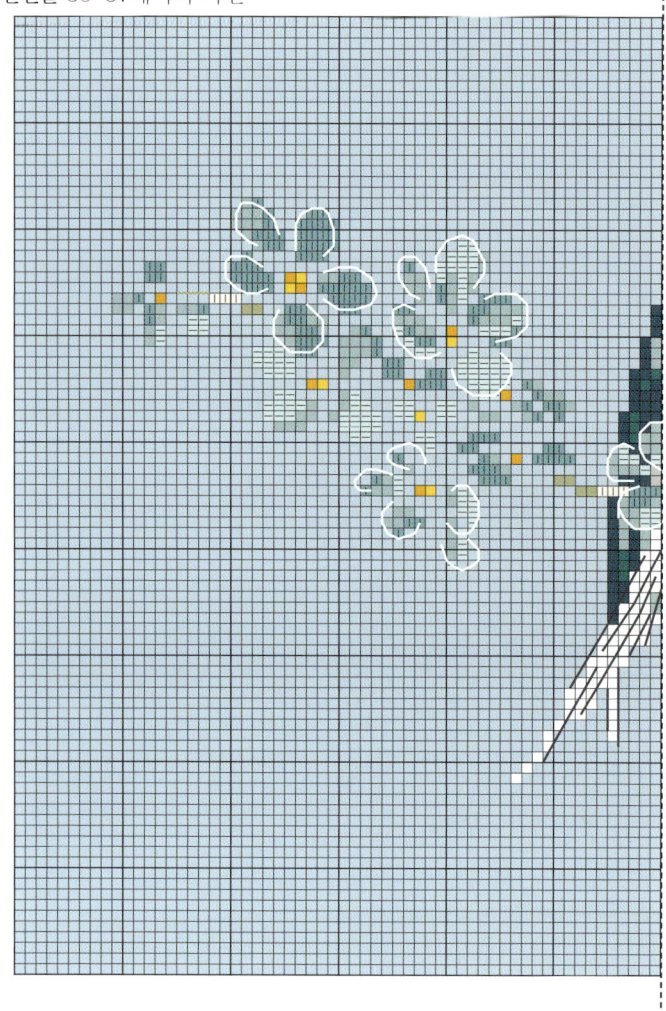

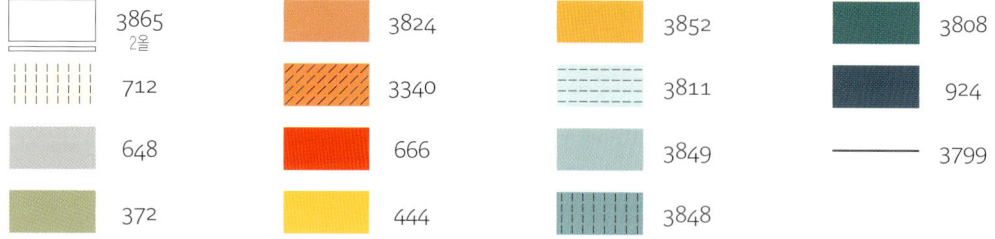

쿠션 38~39페이지 사진

924	3865 눈의 윤곽, 2올로	666
3808	712	310
3849	648	3799
3811	3340	

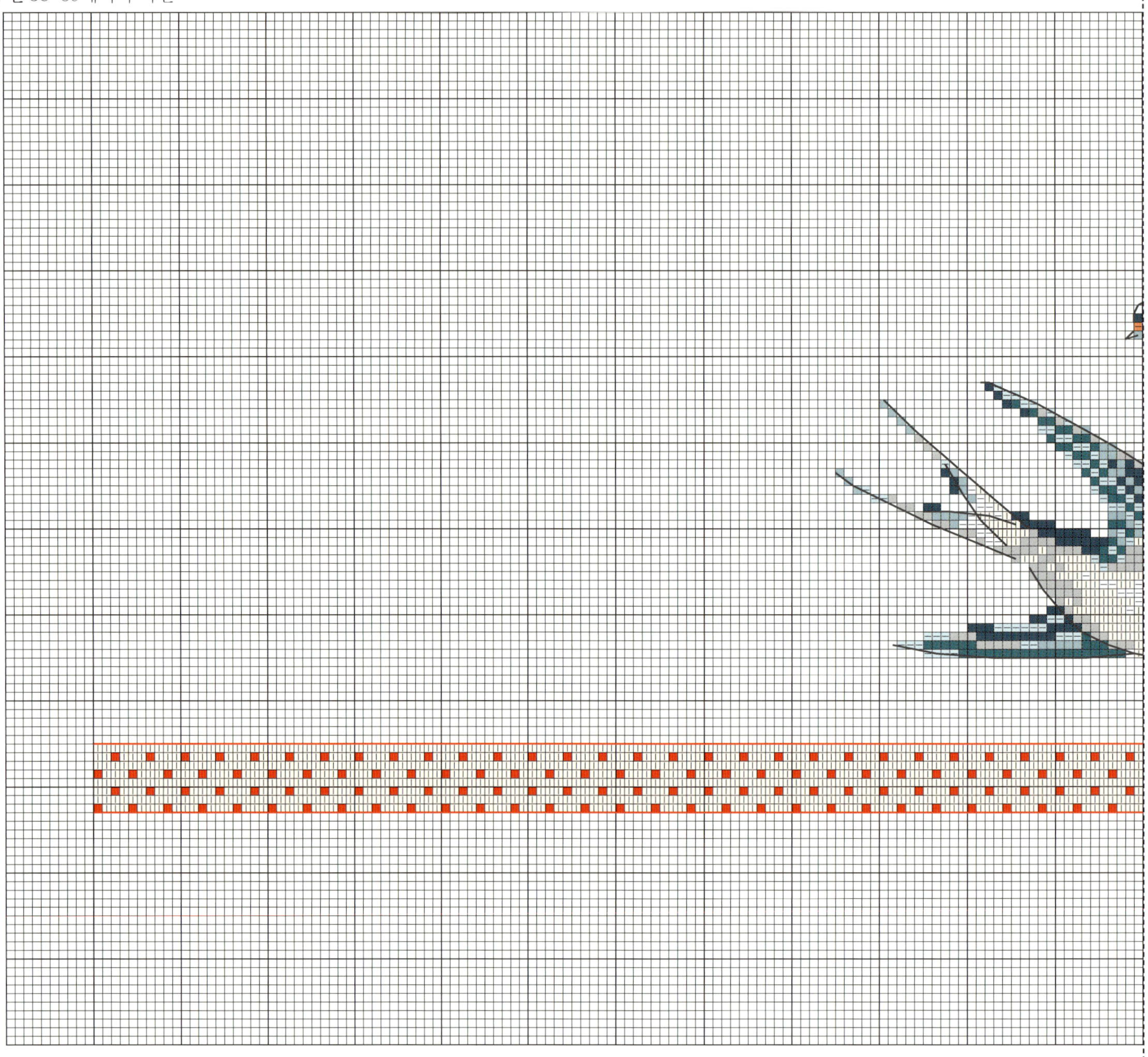

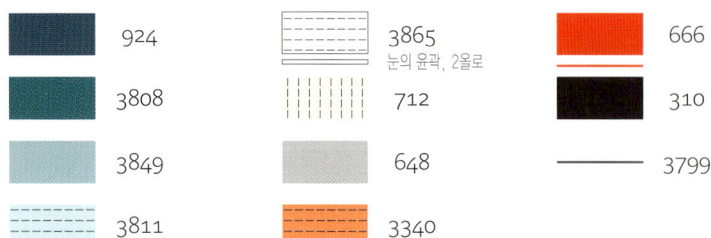

712	3848	444	801	967
3865 눈의 윤곽, 2올로	924	3821	938	3824
3811	3799	3852	372	3340
3849	445	420	371	666

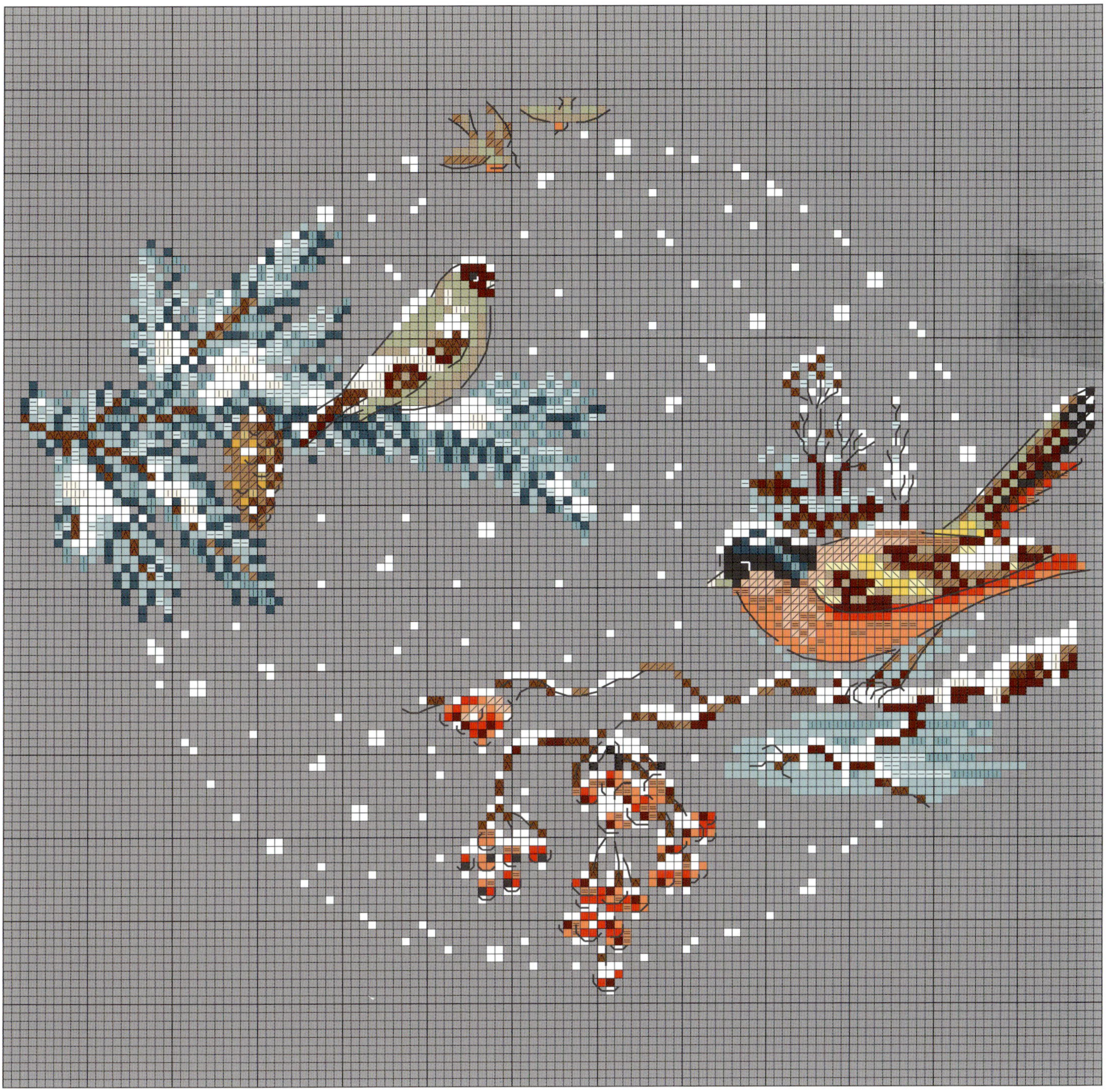

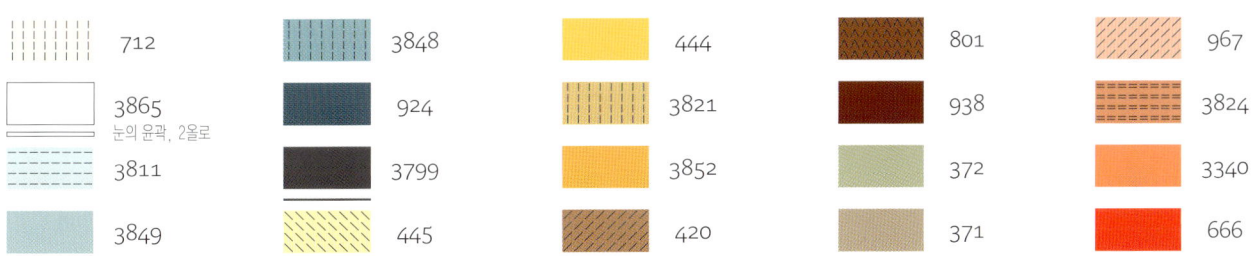

노트북 케이스 44~45페이지 사진

3865	310	3811	444	956
648	924	372	967	
646	3808	371	957	
3799	3849	445	3824	

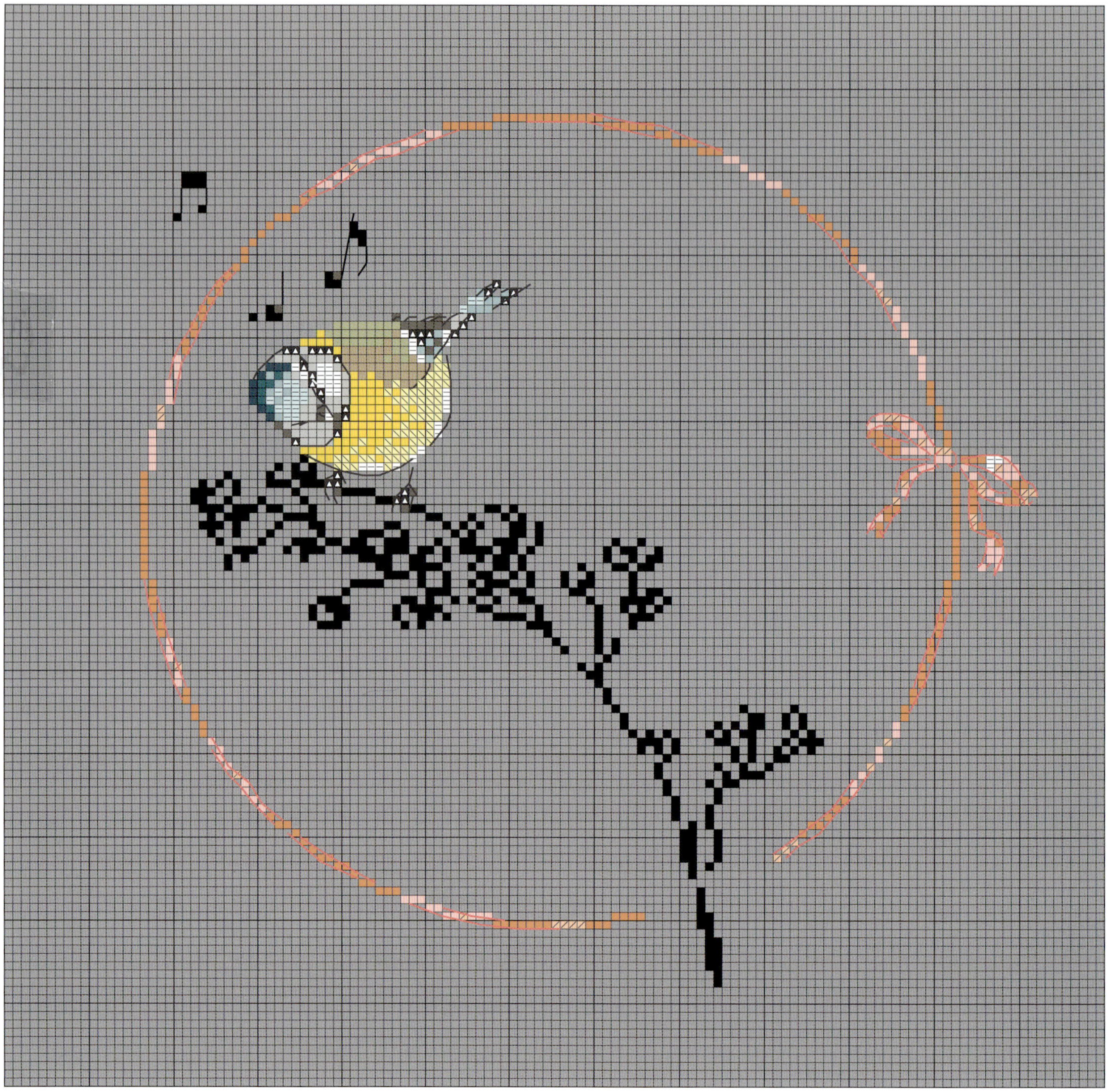

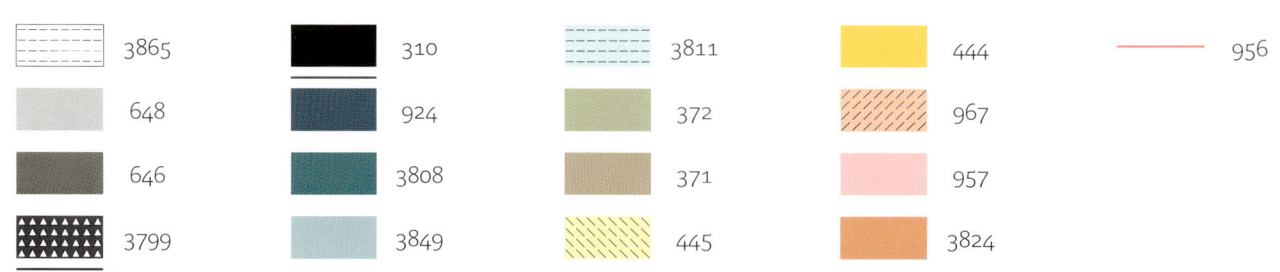

blanc 흰색, 2올	3811	924
712	3849	648 ½ 크로스 스티치, 1올
648	3848	
3799	3808	

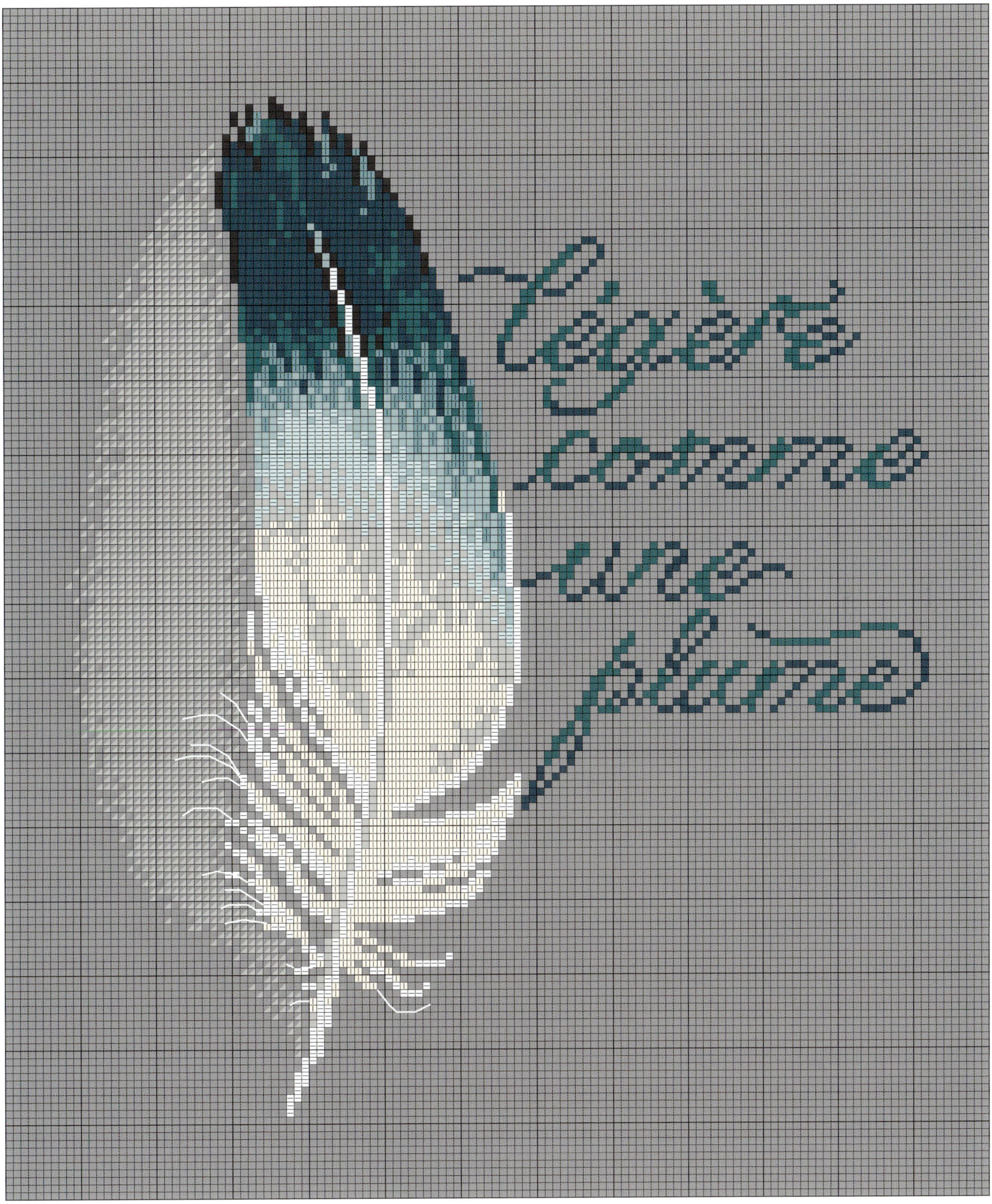

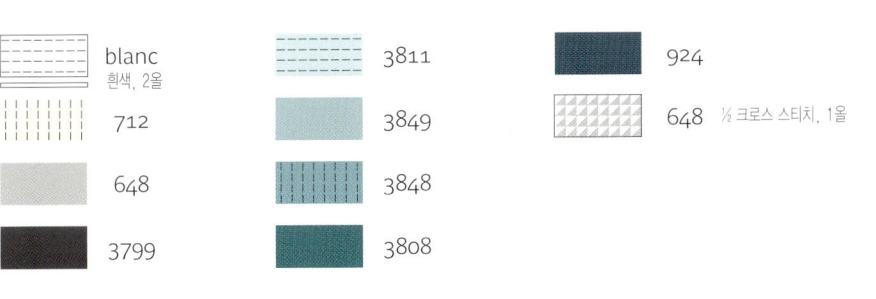

옷걸이 커버 48~49페이지 사진

blanc 흰색

스티치 레슨

크로스 스티치

크로스 스티치는 십자수의 기본 스티치로, 보기만큼 간단합니다. 두 개의 스티치를 대각선으로 교차시키는 방법으로 단독으로 하거나 연속해서 수놓을 수 있습니다. 연속으로 수를 놓을 경우, 더욱 예뻐 보이는 효과를 내려면 십자를 항상 같은 방향으로 수놓아야 합니다. 즉 자수를 시작하며 갈 때는 왼쪽 아래에서 오른쪽 위로, 돌아올 때는 오른쪽 아래에서 왼쪽 위로 수를 놓는 방식입니다. 십자가 떨어져 있을 때는 항상 한 스티치를 마무리하고 다음으로 넘어가야 더 일정하게 자수를 놓을 수 있습니다. 가장 적합한 실은 여섯 가닥으로 구성된 자수실로, 원단의 올에 따라 또는 작업자의 필요에 따라 분리할 수 있습니다.

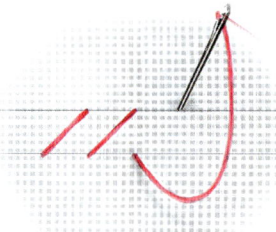 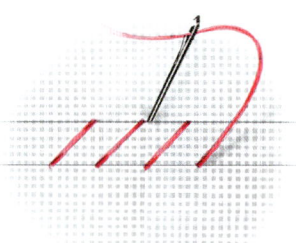

그 밖의 스티치

크로스 스티치와 함께 다른 스티치를 적절히 조합하면 윤곽을 더욱 강조하고 크로스 스티치로 표현하지 못하는 디테일을 줄 수 있습니다. **½ 크로스 스티치** 타피스리 스티치는 하나의 대각선만 수놓는 크로스 스티치 방법으로, 색깔을 엷게 만들거나 바닥의 그림자와 같은 음영을 넣는 데 사용합니다.

¼ 크로스 스티치는 주로 단순 원단에 사용되며 원단의 한 칸에 작업합니다. 역시 크로스 스티치로 불가능한 디테일을 표현할 수 있습니다.

¾ 크로스 스티치는 박음질로 수놓았을 때처럼 문양의 움직임을 명확하게 해줍니다. 실이 오른쪽이나 왼쪽에서 돌아오는 도중에 스티치가 마무리되므로 '계단'이 생기지 않습니다.

백 스티치는 **박음질**이라고도 부르는데, 마치 연필 선처럼 문양의 일부를 강조하거나 디테일을 묘사하기에 적합합니다. 크로스 스티치로 문양을 완성한 다음 백 스티치를 실행하며, 대개 짙은 톤의 실을 한 가닥만 사용합니다. 도안마다 다르지만 자수의 윤곽을 따라 스티치를 길게 또는 대각선으로 연장할 수 있습니다. 도안에서 연속선은 백 스티치로 표현한 디테일을 나타냅니다.

프렌치 노트 스티치는 사람의 눈동자나 꽃의 수술처럼 한 개의 십자가 아주 클 때 사용합니다. 도안에서 작은 원으로 표시됩니다.

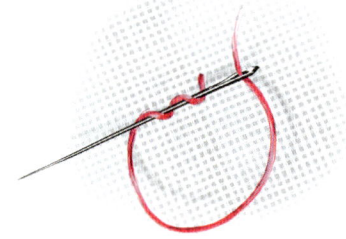 

작품의 기초

준비하기
수를 놓기 전에 원단의 가장자리를 감침질해 둡니다. 이 작업 대신 둘레를 따라 접착 리본을 붙이기도 합니다. 이렇게 하면 작품이 풀어지는 것을 막을 수 있습니다. 원단은 자수 전체의 크기보다 약간 더 커야 합니다. 그래야 나중에 틀 작업을 하거나 재봉을 할 수 있습니다. 자수 둘레로 최소 10cm 여백이 있어야 합니다. 원단을 4등분으로 접어 중심을 찾은 다음, 이 중심축을 지나는 두 개의 실(가로 실과 세로 실)을 이용하여 원단의 양쪽 면을 가봉합니다. 이 실은 자수를 할 때 기준으로 사용하고 작품이 완성되면 제거합니다. 도안에서도 같은 방법으로 기준을 잡을 수 있습니다.

수놓기
긴 실들이 자수의 뒤를 지나가면 비칠 수 있으니 주의해야 합니다. 동일한 색으로 수놓을 스티치가 최대 2cm 떨어져 있다면 실을 넘겨 다음 스티치를 놓을 수 있습니다. 하지만 스티치가 이보다 더 떨어져 있거나 실이 짙은 색이라면 실을 스티치 밑으로 넣고 자른 다음 멀리 있는 스티치를 새로 시작합니다.

마감하기
자수가 완성되면 문양의 중심을 잡기 위해 기준점으로 삼았던 가로 세로 가봉 실을 제거하고 자수를 찬물로 부드럽게 닦아냅니다. 자수가 마르면 물에 적신 천을 대고 안면을 다림질합니다.

틀 작업하기
틀 작업을 위해 자수 둘레를 최소 10cm 남겨둡니다. 두꺼운 종이를 틀보다 약간 더 작은 크기로 잘라냅니다. 자수를 뒤집어 테이블 위에 놓고 문양의 중심에 맞춰 두꺼운 종이를 얹습니다. 두껍고 질긴 실로 자수의 위와 아래 테두리를 함께 맨 다음 자수가 팽팽해지도록 일정하게 실을 조입니다. 이때 작품이 손상되지 않도록 조심해야 합니다. 양쪽 옆면도 동일한 작업을 진행합니다. 그 다음 틀 안에 자수를 놓고 유리를 덮습니다.

도구

바늘
십자수에 사용하는 바늘은 끝이 둥글고 바늘귀가 일반 바늘보다 넓습니다. 둥근 바늘 끝은 올의 손상을 방지하고 넓은 바늘귀는 다소 두꺼운(많은) 실 가닥이 통과할 수 있게 해줍니다. 자수실 한 가닥으로 작업하려면 26번 바늘이 적합하지만 두 세 가닥으로 작업하려면 24번 바늘이 필요합니다. 바늘의 길이는 올의 종류에 따라 선택할 수 있습니다. 한 바늘에 실 두 세 가닥을 한꺼번에 꿸 때는 실 꿰기가 있으면 아주 유용합니다.

수틀
아주 탄력 있는 원단에 작업하려면 수틀이 필요한 경우도 있습니다. 수틀은 원단을 팽팽하게 만들어 스티치가 일정해지도록 해 줍니다.

가위
수를 놓을 때만 사용할 작고 뾰족한 가위를 준비합니다. 이동할 때 가위가 천에 닿아 구멍이 생기지 않도록 조심해야 합니다.

실 정리용 판지
여러분이 사용하는 실의 색상번호를 잃어버리면 안 됩니다. 본인이 직접 실의 색깔을 골랐다면 색깔을 적어놓아야 다시 작업하기가 수월합니다. 더구나 실의 색깔은 아주 다양하기 때문에 본인의 바느질함에 있는 실의 색상번호를 쉽게 알 수 있도록 표시해놓는 것이 좋습니다. 구멍 뚫린 카드에 실을 끼워 넣어 정리하고 여백에 색상번호를 적어 놓으세요. 카드는 구입하거나 본인이 직접 만들면 됩니다. 실을 감아 놓기 위해 수선용 모직 판지를 사용할 수도 있습니다. 물론 판지 한 장에 한 가지 색 실만 정리해야 합니다.

클래식 원단

아이다 원단
실이 교차하며 일정한 사각형을 이루는 아이다 원단은 사용하기 편리합니다. 센티미터 당 2.4칸, 4.4칸, 5.5칸, 6칸, 7칸 등 굵기도 다양합니다. 작품의 크기는 어떤 원단을 선택하느냐에 달려 있습니다. 센티미터 당 칸 수가 적을수록 완성된 자수의 크기는 커집니다. 예를 들어 2.4칸/cm 아이다에 놓은 자수는 7칸/cm 아이다에 놓은 자수보다 훨씬 더 큽니다.

아이다 원단	10 스티치 길이	사용할 자수실의 가닥 수
2.4 칸/cm	4.16 cm	4 ~ 6 가닥
4.4 칸/cm	2.5 cm	3 가닥
5.5 칸/cm	1.82 cm	2 ~ 3 가닥
6 칸/cm	1.67 cm	2 가닥
7 칸/cm	1.4 cm	1 ~ 2 가닥

리넨, 단선, 평직 원단

리넨이나 면으로 된 원단은 십자 한 개를 몇 개의 올에 수놓을지 선택할 수 있습니다. 리넨 원단은 아이다보다 작업하기가 약간 더 어렵습니다. 그 이유는 사각형으로 짜여 있지 않아서인데, 작업하기는 어렵지만 더욱 세밀한 결과물을 얻을 수 있다는 장점이 있습니다.

두 올 위에 수놓는 경우

아래 표는 두 올 위에 가로 세로로 십자 한 개를 수놓을 때 적용됩니다.

리넨 원단	10 스티치 길이	사용할 자수실의 가닥 수
5 올/cm	4 cm	4~6 가닥
10 올/cm	2 cm	2~3 가닥
11 올/cm	1.82 cm	2~3 가닥
12 올/cm	1.67 cm	1~2 가닥
13.5 올/cm	1.48 cm	1 가닥

평직 원단	10 스티치 길이	사용할 자수실의 가닥 수
10 올/cm	2 cm	2~3 가닥

한 올 위에 수놓는 경우

아래 표는 한 올 위에 가로 세로로 십자 한 개를 수놓을 때 적용됩니다.

리넨 원단	10 스티치 길이	사용할 자수실의 가닥 수
5 올/cm	2 cm	3~4 가닥
10 올/cm	1 cm	1 가닥
11 올/cm	0.91 cm	1 가닥
12 올/cm	0.83 cm	1 가닥
13.5 올/cm	0.74	1 가닥

평직 원단	10 스티치 길이	사용할 자수실의 가닥 수
10 올/cm	1 cm	1 가닥

미리 재단된 원단 또는 미터 단위 원단

아이다, 리넨, 평직 원단의 색상은 대단히 다양합니다. 원단은 미터 단위나 미리 재단된 조각 형태로 나오기도 합니다. 어느 것을 선택하느냐는 본인의 작품 취향에 달려 있습니다. 꾸준히 수를 놓는 분이라면 미터 단위 원단이 더 경제적일 것입니다. 자투리 천은 보관하고 있다가 작은 문양을 수놓을 때 사용합니다.

작품 제작

*다음 작품들에 표시된 수치는 1cm의 재봉 여백이 포함된 것입니다.

에코 가방 «비상» 16~17페이지 사진 참고

작품 크기 33×35cm

재료

35×41cm의 리넨 원단 두 장(앞면과 뒷면), 8×70cm의 리넨 원단 띠 두 장(손잡이), 아이보리 색 11올/cm (DMC 3865)
DMC 물리네 스페셜 한 타래 : 712, 648, 3824, 3340, 372, 3799, 3811, 3849, 646
원단에 덧댈 33×38.5cm의 열접착시트 두 장, 흰색 물방울 무늬가 들어간 파랑색 천 35×80cm(안감용)

1. 리넨 원단의 세로 중앙에 크로스 스티치와 백 스티치로 문양을 수놓습니다. 두 가닥의 실로 두 올 위에 작업합니다. 리넨 원단의 가장자리를 안으로 접어 33×38.5cm의 직사각형을 만듭니다. 이때 리넨 원단의 양쪽 넓은 면으로부터 5.5cm 지점에 자수의 옆면이, 하단의 좁은 면으로부터 6cm 지점에 문양의 아랫면이 오도록 접습니다. 접힌 부분을 펴고 직사각형 원단에 맞춰 자수의 안면에 열접착시트를 덧댑니다. 넓은 면을 먼저 접은 다음, 좁은 면을 접습니다. 나머지 리넨 원단에도 동일한 작업을 진행합니다.

2. 두 원단을 안면이 마주보도록 겹쳐 놓고, 슬랜팅 스티치로 양쪽 넓은 면과 하단의 좁은 면을 재봉합니다.

3. 가방의 바닥을 만들기 위해, 바닥의 재봉선에서 3.5cm 간격을 두고 앞면과 뒷면을 접습니다. 양쪽 옆면은 안으로 접어 3.5cm 높이의 삼각형 두 개를 만듭니다. 이 부분을 슬랜팅 스티치로 재봉합니다.

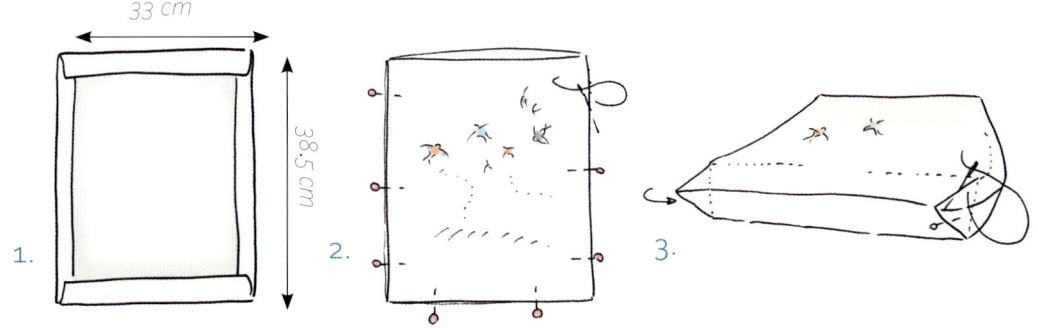

4. 파랑색 천(35×80cm의 안감용)을 세로 방향으로 겉면이 마주보도록 반을 접습니다. 넓은 면 양쪽을 핀으로 고정한 후, 가장자리에서 1cm 간격을 두고 러닝 스티치로 재봉합니다. 상단의 좁은 면 가장자리를 안면이 마주보도록 1.5cm 접습니다. 안감 천을 뒤집지 말고 가방 안에 집어넣은 다음, 상단을 핀으로 고정합니다.

5. 리넨 원단 띠(손잡이용, 8×70cm의 천) 두 장의 넓은 면을 1cm 접습니다. 띠를 다시 반으로 접은 다음, 슬랜팅 스티치로 넓은 면을 재봉합니다.

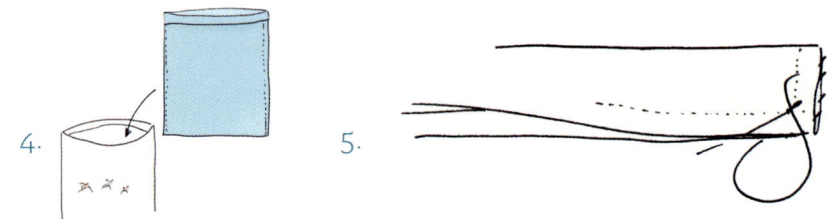

6. 가방의 양 옆면에서 7cm 떨어진 지점, 겉감과 안감 천 사이에 손잡이의 양쪽 끝단을 1cm 집어넣습니다. 이때 손잡이의 재봉선이 바깥을 향하도록 합니다. 손잡이를 핀으로 고정한 후, 슬랜팅 스티치로 가방과 안감 천 둘레를 재봉합니다.

새집 «수를 놓는 새들» 24~25페이지 사진 참고

작품 크기 43×43cm

재료
45×55 cm의 리넨 원단, 아이보리 색 11올/cm(DMC 3865)
DMC 물리네 스페셜 한 타래 : 3865, 712, 372, 371, 648, 646, 844, 310, 445, 444, 3811, 3849, 3824, 3340, 3799
흰색 물방울 무늬가 들어간 회색 천 70×6cm 한 장, 10×35cm 두 장
흰색 물방울 무늬가 들어간 파랑색 천 30×6cm 두 장
멜턴 원단 36×43cm 한 장, 4×30cm 두 장
뻣뻣한 멜턴 원단 36×43 cm 한 장
45×50cm 한 장, 40×45cm의 천(새집 뒷면), 원단용 접착제와 장식끈, 고리 한 개
지름 1cm의 파랑색 공 모양 버튼 두 개, 지름 7mm의 오렌지색 공 모양 버튼 세 개

1. 리넨 원단의 세로 중앙에 크로스 스티치와 백 스티치로 문양을 수놓습니다. 두 가닥의 실로 두 올 위에 작업합니다. 73페이지의 새집 패턴(새집 ½ 패턴)을 두 장 복사하여 중심축을 따라 연결합니다. ½패턴 두 장을 연결한 온전한 새집 모양의 패턴에서 ①번 부분을 잘라내어, 36×43cm의 뻣뻣한 멜턴 원단과 단순 멜턴 원단 위에 옮겨 그린 다음, 윤곽선을 따라 재단합니다.
뻣뻣한 멜턴 원단 위에 자수를 놓습니다. 이때 자수를 가로 폭 중앙에 맞추고, 하단으로부터 8mm 지점에 문양의 아랫면이 오도록 합니다. 리넨 원단의 자투리 부분은 안으로 접어 넣습니다. 이때 자수 원단과 뻣뻣한 멜턴 원단 사이에 36×43cm의 멜턴 원단을 접어넣습니다. 접힌 부분을 핀으로 고정한 후, 슬랜팅 스티치로 재봉합니다. 단, 뻣뻣한 멜턴 원단은 꿰매지 않도록 주의합니다.

2. 사진을 참고하여 자수 위에 버튼 다섯 개를 재봉합니다. 새집 뒷면에는 멜턴 원단의 크기에 맞춰 천(40×45cm)을 댑니다. 가장자리에서 1cm 간격을 두고 천의 자투리를 잘라낸 다음, 핀으로 고정한 후 슬랜팅 스티치로 둘레를 재봉합니다. 단, 멜튼 원단은 꿰매지 않도록 합니다. 새집의 윗부분에서 3cm 떨어진 지점 안쪽에 고리를 답니다.

 1a.  1b. 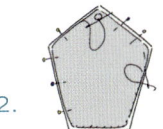 2.

3. ½ 패턴 두 장을 연결한 온전한 새집 모양의 패턴에서 ②번 부분(지붕)을 잘라내어, 45×50cm의 뻣뻣한 멜턴 원단 위에 세 개를 옮겨 그린 다음, 윤곽선을 따라 재단합니다. 지붕 패턴을 반으로 잘라내어, 4×30cm의 단순 멜턴 원단 띠 두 장 위에 옮겨 그린 다음, 윤곽선을 따라 재단합니다. 이 멜턴 원단 띠 두 장을 뻣뻣한 멜턴을 댄 지붕 조각 한 개 위에 놓고, 35×10cm의 흰색 물방울 무늬가 들어간 회색 띠 두 장으로 덮습니다. 천의 자투리는 안으로 접고 핀으로 고정합니다. 지붕 중앙의 수직선을 맞추고, 좁은 면 양쪽을 안으로 접어 넣은 다음, 슬랜팅 스티치로 안면을 재봉합니다. 단, 속겹은 꿰매지 않도록 합니다. 이제 지붕 중앙에서 천 두 장의 겉면을 연결합니다.

 3a.  3b.  3c.

4. 뻣뻣한 멜턴을 댄 나머지 지붕 조각 두 개를 겹쳐 놓습니다. 70×6cm의 회색 천을 뻣뻣한 멜턴 원단의 윗면에 걸쳐 놓고 좁은 면 양쪽까지 덮은 다음, 핀으로 고정합니다. 회색 천의 양쪽 좁은 면을 멜턴 원단 크기에 맞춰 접습니다. 가장자리에서 1cm 간격을 두고 속겹과 함께 러닝 스티치로 재봉하여 안면과 겉면을 결합합니다. 파랑색 천(30×6cm) 두 장을 가지고 같은 방식으로 지붕의 안쪽을 덮습니다. 각각의 띠 가장자리를 1cm 안으로 접어 넣어 가운데에 맞춥니다.

5. 파랑색 부분 위에 회색 부분을 얹어 새집 지붕 모양을 만듭니다. 겹쳐 놓은 두 부분에 접착제를 바른 다음, 무거운 것을 올려놓고 마를 때까지 기다립니다. 이제 지붕의 안쪽에 접착제를 바르고 자수 상단의 윤곽을 따라 얹은 다음, 무거운 것을 올려놓고 마를 때까지 기다립니다.

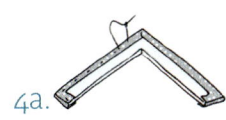 4a.  4b. 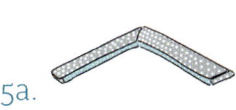 5a.  5b.

걸개그림 «새 둥지» 32~33페이지 사진 참고

작품 크기 20×50cm

재료

30×60cm의 리넨 원단, 아이보리 색 11올/cm (DMC 3865)
DMC 물리네 스페셜 한 타래 : 3865, 712, 445, 3811, 3849, 3848, 3808, 924, 372, 371, 801, 938, 310, 3340, 3824, 957, 963
원단에 덧댈 열접착시트 19×11cm 한 장, 19×50cm 두 장
21×13cm의 가루를 뿌린 듯한 분홍색 리넨 원단
길이 1m, 폭 3mm의 은색 띠
22×53cm의 천(걸개그림 뒷면)

1. 리넨 원단의 가로 폭 중앙, 그리고 하단의 좁은 면으로부터 18cm 간격을 두고 크로스 스티치와 백 스티치로 문양을 수놓습니다. 두 가닥의 실로 두 올 위에 작업합니다. 리넨 원단의 가장자리를 안으로 접어 19×50cm의 직사각형을 만듭니다. 이때 리넨 원단의 양쪽 넓은 면으로부터 1.3cm 지점에 자수의 옆면이, 상단의 좁은 면으로부터 8mm 지점에 멀리 날아가는 새들이 오도록 접습니다. 접힌 부분을 펴고 직사각형 원단에 맞춰 자수의 안면에 열접착시트 두 장을 덧댑니다. 넓은 면을 먼저 접은 다음, 좁은 면을 접습니다.

2. 분홍색 리넨 원단의 가장자리를 1cm 안으로 접습니다. 접힌 부분을 펴고 직사각형 원단에 맞춰 안면에 열접착시트를 덧댑니다. 그리고 다시 가장자리를 접습니다.

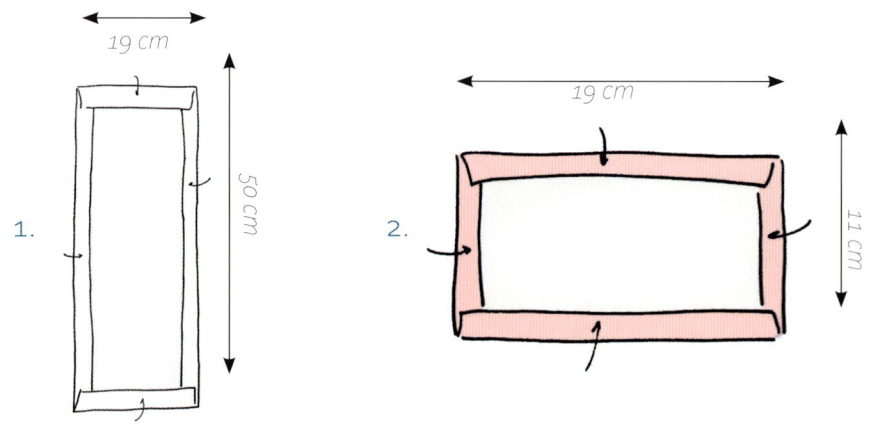

3. 자수 원단의 아랫부분에 분홍색 리넨 원단을 놓고 슬랜팅 스티치로 결합합니다.

4. 은색 띠를 23cm 잘라내어 분홍색 리넨 원단에 바짝 붙여 박아줍니다. 물리네 스페셜 DMC 3341 이중 면사 두 가닥을 이용하여 5mm 간격으로 ½ 크로스 스티치를 실행합니다. 은색 띠 양쪽 끝단은 1.5cm 안으로 접어 넣습니다.

5. 나머지 은색 띠는 작품 걸이로 사용합니다. 자수 원단 상단의 접어놓은 부분 안으로 띠를 넣고, 원하는 길이만큼 조절하여 묶습니다. 작품 뒷면에 사용할 천(22×53cm)의 가장자리를 1.5cm 안으로 접습니다. 자수 원단과 안감 천을 안면이 마주보도록 겹쳐 놓고 슬랜팅 스티치로 결합합니다. 이제 은색 띠로 자수를 매달아 작품을 완성합니다.

쿠션 «집배원 제비» 38~39페이지 사진 참고

작품 크기 50×33cm

재료
60×40cm의 리넨 원단, 아이보리 색 11올/cm (DMC 3865)
DMC 물리네 스페셜 한 타래 : 924, 3808, 3849, 3811, 3865, 712, 648, 3340, 666, 310, 3799
원단에 덧댈 49×32cm의 열접착시트
빨강색 무늬가 들어간 천 51×34cm 한 장, 170×3cm 띠 한 장
170cm의 가는 끈(지름 5mm), 속에 채울 멜턴

1. 리넨 원단의 가로 폭 중앙, 그리고 상단의 넓은 면으로부터 5cm 간격을 두고 크로스 스티치와 백 스티치로 문양을 수놓습니다. 두 가닥의 실로 두 올 위에 작업합니다. 작품에 새길 이니셜을 72페이지의 알파벳 도안에서 선택합니다. 리넨 원단의 가장자리를 안으로 접어 49×32cm의 직사각형을 만듭니다. 이때 리넨 원단의 양쪽 좁은 면에 자수 띠의 끝단이, 상단의 넓은 면으로부터 1cm 지점에 오른쪽 제비가 오도록 접습니다. 접힌 부분을 펴고 직사각형 원단에 맞춰 안면에 열접착시트를 덧댑니다. 그리고 다시 가장자리를 접습니다. 이때 모서리는 폭이 5mm가 되도록 둥글게 접습니다.

2. 170×3cm의 띠 가운데에 가는 끈을 놓습니다. 이때 띠의 한쪽 좁은 면으로부터 1cm 지점에 가는 끈의 끝단이 오도록 합니다. 띠의 한쪽 좁은 면을 1cm 안으로 접고, 넓은 면을 안면이 마주보도록 반을 접은 다음, 7cm마다 수직으로 핀을 꽂아 가는 끈이 고정되도록 합니다. 재봉틀로(또는 손바느질로) 가는 끈을 바짝 붙여 박아줍니다. 단, 끝단에서 5cm는 재봉하지 않고 남겨둡니다. 이렇게 바이어스가 완성됩니다.

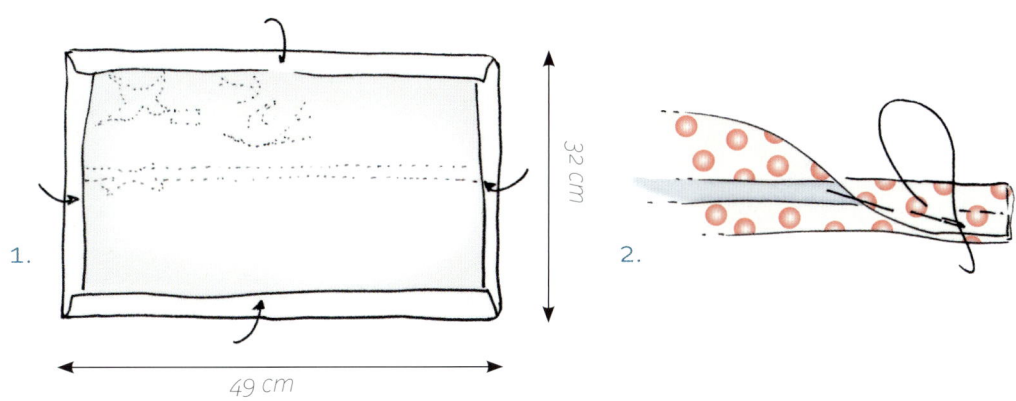

3. 자수 원단 가장자리 안쪽에 바이어스를 대고 핀으로 고정한 후, 슬랜팅 스티치로 겉면을 재봉합니다.

4. 나머지 직사각형 천(쿠션의 뒷면으로 사용할 51×34cm의 천)의 가장자리를 1cm 안으로 접습니다. 쿠션의 앞면과 뒷면을 안면이 마주보도록 겹쳐 놓고 핀으로 고정한 후, 바이어스와 함께 슬랜팅 스티치로 겉면을 재봉합니다. 이때 15cm의 창구멍을 마련해 둡니다. 멜턴으로 쿠션의 속을 채운 다음, 슬랜팅 스티치로 창구멍을 닫습니다.

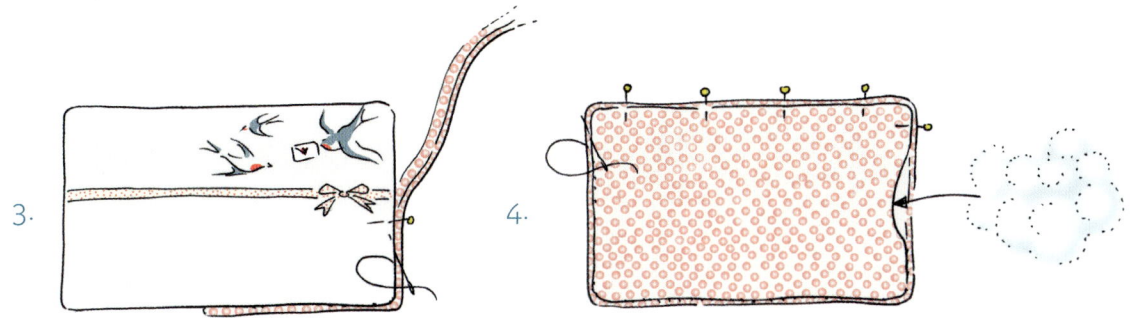

노트북 케이스 《나뭇가지 위에서》 44~45페이지 사진 참고

작품 크기 35×27cm

재료
40×30cm의 리넨 원단 두 장, 12올/cm, 회색(Milpoint사 112/53)
DMC 물리네 스페셜 한 타래 : 3865, 648, 646, 3799, 310, 924, 3808, 3849, 3811, 372, 371, 445, 444, 967, 957, 3824, 956
흑백 무늬 천 75×8cm(테두리용) 한 장, 37×28cm(안감용) 두 장
길이 50cm, 폭 3cm의 검정색 지퍼 한 개, 빳빳한 멜턴 원단 68×3cm 한 장, 34.5×25.5cm 네 장

1. 리넨 원단의 가로 폭 중앙에 크로스 스티치와 백 스티치로 문양을 수놓습니다. 두 가닥의 실로 두 올 위에 작업합니다. 73페이지의 노트북 케이스 ½ 패턴 두 장을 복사하여 중심축을 따라 연결합니다. 이 패턴을 직사각형의 빳빳한 멜턴 원단(34.5×25.5cm) 네 장 위에 옮겨 그린 다음, 윤곽선을 따라 재단합니다. 멜턴 원단을 두 개씩 포개어 케이스의 앞면과 뒷면을 만드는 데 사용합니다. 멜턴을 댄 앞면 위에 자수 원단을 놓습니다. 이때 자수의 분홍색 원이 중앙에 오도록 합니다. 리넨 원단의 자투리 부분을 안으로 접고 핀으로 고정한 후, 가장자리에서 2cm를 남기고 둘레 전체를 잘라냅니다. 네 모서리를 러닝 스티치로 재봉한 다음, 주름이 지도록 당깁니다. 이제 가장자리를 접어 멜턴 원단 위에 핀으로 고정한 후, 슬랜팅 스티치로 재봉합니다. 단, 속겹은 꿰매지 않도록 합니다. 나머지 원단에도 동일한 작업을 진행합니다.

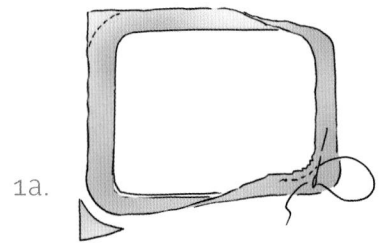
1a.

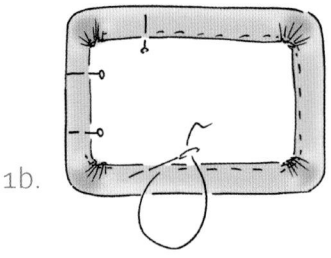
1b.

2. 멜턴을 댄 원단과 직사각형 천(안감용 흑백 무늬 천 37×28cm)을 한 장씩 안면이 마주보도록 겹쳐 놓습니다. 천의 자투리 부분을 멜턴 원단 크기에 맞춰 안으로 접고 핀으로 고정한 후, 슬랜팅 스티치로 가장자리를 재봉합니다. 지퍼의 중앙과 자수 원단의 윗부분 중앙에 핀을 꽂습니다. 안면에 핀을 꽂아가며 1.5mm 간격으로 촘촘히 감침질하여 지퍼를 결합합니다. 케이스의 뒷면에도 동일하게 작업하고 지퍼를 닫습니다.

3. 68×3cm의 빳빳한 멜턴 원단 띠를 흑백 무늬 띠(테두리용 75×8cm) 안면 가운데에 놓습니다. 흑백 무늬 띠의 좁은 면 한 쪽을 안으로 1cm 접어 멜턴 원단 띠 위에 올립니다. 반대쪽 끝단은 열어 놓고 조금 후에 작업합니다. 이제 슬랜팅 스티치로 재봉합니다. 단, 열어 놓은 끝단에서 2cm는 재봉하지 않고 남겨둡니다.

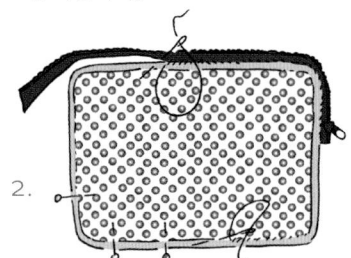
2.

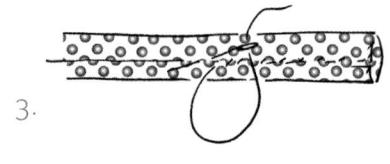
3.

4. 멜턴을 댄 띠를 지퍼 다음에 놓고, 케이스의 앞면과 뒷면에 슬랜팅 스티치로 촘촘하게 재봉합니다. 이 작업은 겉면에 대고 실행합니다. 멜턴을 댄 띠의 자투리 부분은 안으로 접어 케이스 크기에 맞춥니다.

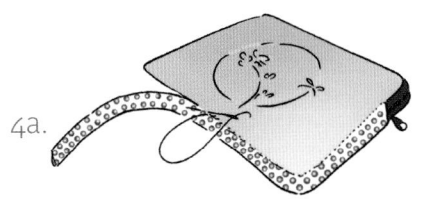
4a.

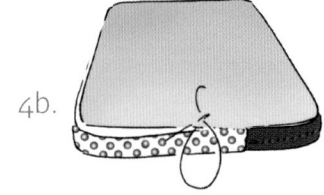
4b.

옷걸이 커버 《새들의 나무》 48~49페이지 사진 참고

작품 크기 48.5×98cm

재료
60×120cm의 리넨 원단, 12올/cm, 아이스블루 색(Milpoint사 CM105)
DMC 물리네 스페셜 두 타래 : 흰색
원단에 덧댈 열접착시트 48.5×98cm
무늬 천 51×120cm 한 장(뒷면), 4×70cm 두 장(뒷면의 틈새를 덮는 띠)
흰색 레이스 띠, 흰색 옷걸이 한 개

1. 리넨 원단의 가로 폭 중앙, 그리고 상단의 좁은 면으로부터 20cm 간격을 두고 크로스 스티치와 백 스티치로 문양을 수놓습니다. 두 가닥의 실로 두 올 위에 작업합니다. 본인의 옷걸이 모양을 열접착시트 상단에 옮겨 그린 다음, 윤곽선을 따라 재단합니다. 이때 옷걸이를 열접착시트의 가로 폭 중앙에 맞추고 3.5cm가 위로 나오도록 합니다.

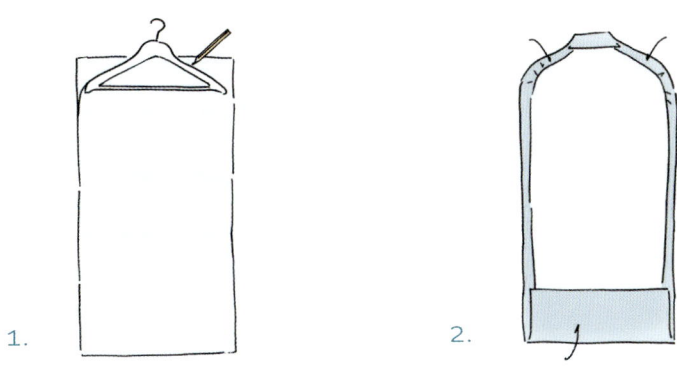

2. 자수의 안면에 열접착시트를 덧댑니다. 이때 자수를 가로 폭 중앙에 맞추고, 상단으로부터 3cm 지점에 문양의 윗면이 오도록 합니다. 리넨 원단의 가장자리를 열접착시트에 맞춰 접습니다.

3. 자수 원단과 커버 뒷면에 사용할 천(51×120cm의 무늬 천)을 안면이 마주보도록 겹쳐 놓습니다. 천의 가장자리를 커버의 형태에 맞춰 안으로 접고 핀으로 고정한 후, 슬랜팅 스티치로 재봉합니다. 접어놓은 윗부분을 불연속 스티치로 재봉합니다. 이때 옷걸이가 나올 공간을 막지 않도록 주의합니다.

4. 4×70cm의 띠 두 장의 가장자리를 1cm 접고, 안면이 마주보도록 다시 반을 접습니다. 커버의 뒷면 가운데를 밑에서부터 67cm 높이까지 자릅니다. 잘린 틈새 양쪽에 가장자리를 접은 띠를 걸쳐 놓고 핀으로 고정한 후, 슬랜팅 스티치로 속겹과 함께 재봉합니다. 꼭대기 틈새 부분 양쪽은 촘촘히 스티치하여 결합합니다. 이렇게 해야 천이 찢어지는 것을 방지할 수 있습니다.

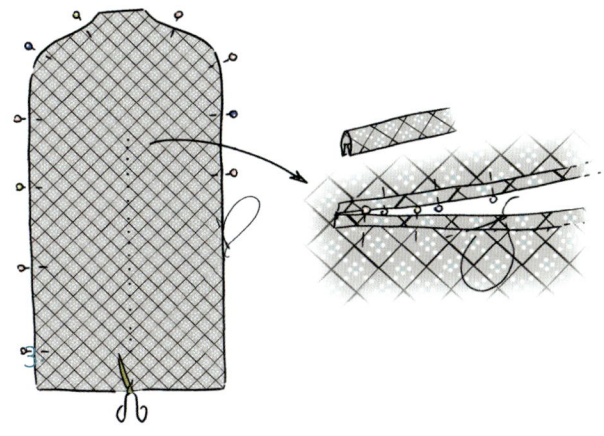

5. 옷걸이를 커버 안에 넣고, 장미꽃 문양의 레이스를 묶어 작품을 완성합니다.

감사의 말

헬렌 르 베르가 감사의 말을 전합니다 :
믿음과 용기를 보내 준 줄리와 마릴리즈

아이보리 색 리넨 원단(3865)를 제공해 준 DMC사
www.dmc.fr

예쁜 자수 원단을 제공해 준 Milpoint사
(회색 112/53, 페이지 43, 45, 47 ; 아이스블루 색 CM105 페이지 19, 37, 49).
http://milpoint.com

뻣뻣한 Jeffytex 멜턴 원단을 제공해 준 PSR Quilt사
http://www.psrquilt.com

스타일리스트가 카스 키드스톤에 감사의 말을 전합니다.

정통 프렌치 스타일 크로스 스티치
아름다운 프랑스 새 자수

초판 1쇄 인쇄 2016년 6월 20일
초판 1쇄 발행 2016년 6월 25일

지은이	헬렌 르 베르
사진	샤를롯 브뤼네
스타일	제시 칸로스 바이너

펴낸이	안종남
펴낸 곳	지식인하우스
브랜드	홈스토리
출판등록	2011년 3월 31일 제 2011-000058호
주소	121-904 서울시 마포구 월드컵북로400(상암동) 문화콘텐츠센터 5층 5호
전화	02)6082-1070 팩스 02)6082-1035
전자우편	jsinbook@naver.com
블로그	blog.naver.com/jsinbook

ISBN 979-11-85959-17-7 13630

*파손된 책은 구입하신 서점에서 교환해 드립니다.
*책 값은 뒤 표지에 있습니다.